Selbstheilungskräfte

Hermann Lechtleitner (Hrsg.)
Manfred Kremser
Wittigo Keller

Selbstheilungskräfte

Die Quelle zur Stärkung und Heilung im eigenen Ich

MIDENA

Die Deutsche Bibliothek – CIP-Einheitsaufnahme

Kremser, Manfred:
Selbstheilungskräfte : Quelle zur Stärkung und Heilung
im eigenen Ich / Manfred Kremser ; Wittigo Keller. Hermann Lechleitner
(Hrsg.). – Augsburg : Midena, 1997
ISBN 3-310-00408-2

MIDENA VERLAG, AUGSBURG

Reihenherausgabe und Konzeption: Christine E. Gottschalk-Batschkus
Redaktion: Tamara Rose

Umschlaggestaltung: Winfried Bährle
Umschlagfoto: Roger Gerhardy, Würzburg
Layout: Andrea Burk
Reproduktion: Cyblon Computergrafik GmbH, Höchberg
Satz: pws Stuttgart
Druck und Bindung: Franz Spiegel Buch GmbH, Ulm
Gesamtherstellung und Produktion: Hampp Verlag GmbH, Würzburg

Printed in Germany
ISBN 3-310-00408-2

Vorwort

Die Aktivierung der Selbstheilungskräfte des Körpers ist fester Bestandteil von Heilungsritualen vieler Kulturen. In diesem Band werden Beispiele von Schamanen- und Heilritualen dargestellt, die von verschiedenen Völkern überliefert sind. Darüber hinaus werden die Wirkungsmechanismen von Yoga-Übungen, Autogenem Training, Selbsthypnose, Autosuggestion und Visualisierungsübungen erläutert.

Dieses Thema ist sicherlich die größte Herausforderung an die heutige Naturmedizin. Es gilt, das Wissen um unser Immunsystem und die Anatomie des Körpers mit der Rückkoppelung an die Psyche zu verknüpfen.

Am konkreten Beispiel erläutert dieser Ratgeber, wie der Körper entspannt, das Immunsystem gestärkt und psychische und gesundheitliche Probleme angegangen werden können. Nahezu alles kann der Körper des Menschen selbst heilen: Knochenbrüche, Blutungen, Arteriosklerose, Blutkrankheiten und sogar das weite Feld der »unheilbaren« Krankheiten.

Dr. Hermann Lechleitner macht uns mit den Grundlagen des Immunsystems vertraut und stellt viele praktische, leicht anwendbare Techniken zur Selbstheilung vor. Er hält seit Jahren Kurse mit Schwerkranken ab, in denen er immer wieder die Zusammenhänge zwischen Krankheit und zerstörerischen Gefühlen wie Ärger, Zorn, Aggression oder Groll aufzeigt. Prof. Manfred Kremser und Wittigo Keller schildern, welche Methoden zahlreiche alte Kulturen dieser Welt entwickelt haben, um heilende Kräfte im Körper wirken zu lassen, die Körper und Psyche in Harmonie bringen und ein ausbalanciertes Leben ermöglichen.

Christine E. Gottschalk-Batschkus
Vorstandsmitglied der Arbeitsgemeinschaft Ethnomedizin e.V.

Inhalt

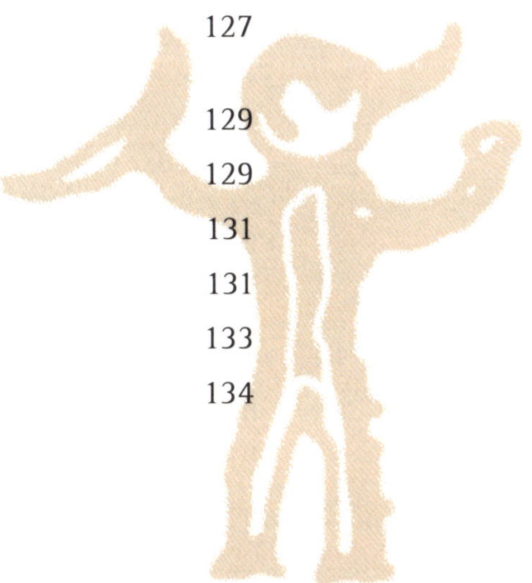

Selbstheilungskräfte - Die Wächter des Lebens

von Hermann Lechleitner

Selbstheilungskräfte sind die Summe von Lebensprozessen, die unsere Gesundheit erhalten oder wiederherstellen. Diese Fähigkeit ist für alle Lebewesen seit ihrer Entstehung vor ca. vier Milliarden Jahren von großer Bedeutung.

Die Entwicklung des Lebens

Wie das Leben auf unserem Planeten entstanden ist, davon haben wir bis jetzt nur eine wissenschaftliche Ahnung. Am Anfang standen vermutlich chemische Reaktionen, die unter den damals herrschenden Bedingungen ausreichend häufig und stabil waren. Sie bildeten eine dissipative Struktur, die ihre Existenz sicherte.

Schon die frühesten Lebewesen bildeten zu diesem Zweck eine Membran, also eine dünne, aber widerstandsfähige Schicht, mit der sie sich umgaben. Dieser Schutzwall sorgte dafür, daß nur die für den Stoffwechsel wichtigen Moleküle aus der Umwelt den Durchtritt schafften.

Die frühen Lebewesen hatten noch keinen Kern (Prokaryoten) aber schon genetische Informationen in Form der Desoxyribonukleinsäure (DNA) oder Ribonukleinsäure (RNA). Bei ihrer Verdoppelung wurde das Erbgut mit gewisser Häufigkeit verändert und entwickelte so durch die Veränderung immer bessere Lebensanpassungen und damit Überlebensvorteile. Diese Urformen des Lebens, wahrscheinlich Verwandte der ältesten heute noch lebenden Bakterien, hatten zwar als Individuen noch keine Selbstheilungskräfte, wohl aber als Gattung.

Erst zwei Milliarden Jahre später finden wir die ersten Lebewesen, die aus zumindest einer Zelle mit Zellkern bestehen (Karyoten). Mit ihnen beginnt die Evolution von Organismen, deren Komplexität auch individuelle Selbstheilungskräfte notwendig werden läßt. Durch die mitotische Zellteilung, aber erst recht durch die geschlechtliche Fortpflanzung explodierten die evolutionären Möglichkeiten.

Dissipative Struktur:

Der französische Physiker und Nobelpreisträger Prigogigne prägte diesen Audsruck. Es handelt sich dabei um eine Einheit, die imstande ist, ihre innere Ordnung entgegen den Vorgängen in der Umwelt aufrechtzuerhalten.

Schon bei den Würmern finden sich die ersten Ansätze zur Wundheilung, die Amphibien entwickeln vor rund 300 Millionen Jahren die ersten Abwehrzellen, die sich im Körper frei bewegen können, und vor 70 Millionen Jahren entwickelt sich bei den Vögeln die Fähigkeit zur Antikörperbildung.

Die Säugetiere und der zu ihnen gehörige Mensch verfügen schließlich über all diese bekannten Mechanismen zur Aufrechterhaltung des inneren Gleichgewichts, die die Evolution hervorgebracht hat.

Anscheinend erfordert die Entwicklung immer diffizilerer Funktionen auch die immer genauere Einhaltung des inneren Gleichgewichts. In einer sich ständig wandelnden Umwelt voller potentiell schädlicher Einflüsse hat diese Evolution der Fähigkeiten, das Gleichgewicht der Säfte (Homöostase) und damit die Lebensgrundlage aufrechtzuerhalten, zu dem geführt, was wir in der Summe Selbstheilungskräfte nennen.

Jedes Baby durchläuft während der Schwangerschaft und im ersten Lebensjahr die gesamte Entwicklung der Karyoten im Expreßtempo. Wenn bei dieser rasanten Entwicklung etwas Wesentliches schiefläuft, so sinken die Überlebenschancen drastisch, trotz der imponierenden Möglichkeiten der modernen Medizin. Die Zellteilung durch Mitose ist die Grundvoraussetzung für die präzise Weitergabe dieser überaus komplexen Erbinformation.

Individuen, die nicht das Fortpflanzungsalter erreichen, haben keine Chance in der Evolution mitzuwirken, da sie ja ihre genetische Information nicht weitergeben können. Deshalb bedeutet die Entwicklung eines umfassenden Systems von Selbstheilungskräften bis zu diesem Zeitpunkt einen entscheidenden evolutionären Vorteil.

Nach der Zeitspanne, in der üblicherweise die Fortpflanzung geschieht, fehlt der evolutionäre Druck zur Entwicklung neuer Strategien der Selbstheilung. Es sieht ein wenig so aus, als hätte Mutter Natur allergrößte Kreativität darauf verwendet, uns ca. 25 Jahre alt werden zu lassen, und dann alles Interesse an uns als Individuen verloren, nachdem wir die Gattung Mensch durch Fortpflanzung gesichert haben.

Angesichts dieses offensichtlichen Desinteresses der Natur sind wir auf uns selbst angewiesen, Wege zu finden, wie wir das natürliche Nachlassen unserer Selbstheilungskräfte zumindest eine Zeitlang kompensieren können. Durch ihre geistigen Fähigkeiten haben die Menschen aller Kulturen Konzepte entwickelt, die das Auftreten von Krankheit verstehen und den Prozeß der Heilung unterstützen sollten.

Schon frühe Kulturen erkannten die Fähigkeit der Selbstheilung, und nur wo diese nicht ausreichte, verwendeten sie Allopathie, also die Behandlung durch Stoffe, die dem Körper von Natur aus fremd waren. Ebenso kam die Homöopathie im Sinne der Behandlung durch das krankheitsauslösende Mittel und die Geistheilung, bei der die Kräfte von Geistwesen genutzt oder bekämpft, oder Geister ausgetrieben wurden, zur Anwendung.

Die Bedeutung des Wortes »Selbst-Heilungs-Kräfte«

Die drei Bestandteile, die den Titelbegriff ausmachen, haben eine recht vielschichtige Bedeutung, obwohl es sich bei ihnen um durchaus übliche Begriffe handelt.

Wir verstehen mit dem Wort *»Selbst«* in erster Linie, daß es sich um eine Eigenleistung des Individuums handelt. Es weist aber auch darauf hin, daß Heilung nicht auf Körper oder Geist beschränkt ist, sondern die Gesamtheit unseres Wesens, unser Selbst, meint. Es könnte auch ein Hinweis sein, daß die Heilung vom »Höheren Selbst« als Ausdruck unserer spirituellen Dimension ausgelöst wird.

Das Selbst …

… ist als Ausdruck der Summe unseres Seins zu verstehen. Es ist das vollständige und andauernde wechselseitige Durchdrungensein von Körper, Geist und Seele.

Heilung

Heilung bezeichnet den Vorgang, der den krankhaft veränderten Organismus wieder zur Gesundheit führt. Da Gesundheit den subjektiven Zustand psychischen, körperlichen und sozialen Wohlbefindens bedeutet (Definition der Weltgesundheitsbehörde WHO), ist dieser Vorgang notwendigerweise immer ein ganzheitlicher, auch wenn ihn die meisten Menschen hauptsächlich mit dem Verschwinden körperlicher oder bestenfalls noch psychischer Symptome assoziieren. Damit ist Heilung ein Prozeß, dessen Anfang und Ende von der Schulmedizin noch nicht klar definiert werden kann.

Ebenso verhält es sich mit dem Begriff Krankheit. Aus medizinischer Sicht ist eine nachgewiesene Diagnose Voraussetzung für die Feststellung von Krankheit, doch besteht sie offensichtlich schon, bevor der Betroffene den Arzt aufsucht, oft bereits Monate und Jahre. Da der menschliche Körper die angeborene Tendenz hat, gesund zu bleiben, können wir Krankheit als den erfolglosen Versuch des Organismus betrachten, mit einer Störung fertigzuwerden.

Gesundheit wäre dementsprechend das subjektiv erfolgreiche Ausgleichen dieser selbstverständlichen Turbulenzen des Lebensprozesses, und Heilung der Übergang zwischen diesen beiden Polen.

Im Sinne eines inneren Heilwerdens ist Heilung sogar ohne das Verschwinden der krankmachenden Störung denkbar und möglich. Gerade bei Menschen mit medizinisch aussichtslosen Krankheiten kann man häufig erleben, wie sich ihr subjektives Erleben mit der zunehmenden Nähe des Todes verbessert. In diesem erweiterten Blickwinkel bedeutet Heilung die Verwandlung von *»Unheil«* zu *»Heil«*, als Ausdruck des Annehmens und Ganzwerdens.

Kräfte

Kräfte schließlich bedeutet, daß es sich hier um ein Potential handelt, das erst bei Aktivierung in Erscheinung tritt. Grundsätzlich sind Existenz und Struktur dieser Potentiale ziemlich sicher genetisch festgelegt, doch vieles spricht dafür, daß sie sich in Teilbereichen tatsächlich trainieren lassen wie Muskelkraft. Das hundertprozentige Ausschöpfen der genetischen Anlagen zur Selbstheilung ist ebenso unwahrscheinlich, wie heute das Erreichen der sportlichen Bestwerte des Jahres 2020.

Völlig sicher ist jedoch, daß wir praktisch alle diese Kräfte durch unser körperliches und geistiges Verhalten in ihrer selbstverständlichen Funktion stören und sogar unterdrücken können.

Die Selbstheilungskräfte des Menschen

Eine riesige Zahl unauffälliger und unsichtbarer Funktionen erhalten unseren Organismus durch ihren stetigen Austausch mit der Umwelt am Leben. Im Prinzip sind die Selbstheilungskräfte des Menschen nur besonders auffällige Funktionssysteme, deren Leistungen mit freiem Auge sichtbar oder ganzheitlich erfahrbar sind, wie das Verschwinden von Krankheitssymptomen oder das Abheilen einer Wunde. Sie sind Symbole für die wunderbare Fähigkeit unseres Organismus, den Zustand vollständiger Gesundheit dauerhaft zu realisieren und werden quer durch alle Kulturen als solche anerkannt.

Funktionen der Haut:

Regulation von Wärmeabgabe und -aufnahme, Schutz vor Strahlung und mechanischer Beschädigung, Regulierung des Wasser – und Elektrolythaushaltes, Barriere für Bakterien, Viren und Parasiten wie Würmer

Blutgerinnung und Wundheilung

Mit dieser Form der Selbstheilungskraft ist der ungemein komplexe Vorgang gemeint, der das Blut an einer Wunde stocken läßt und in der Folge für den Verschluß der Hautlücke sorgt. Unsere Haut ist das wichtigste Schutzorgan gegen die Umwelt voller schädlicher Einflüsse. Entsprechend komplex sind die Reparaturmechanismen, die in Gang kommen, wenn die höchst funktionale Architektur der Haut bei einer Verletzung durchbrochen wird.

Aus den mitdurchtrennten Blutgefäßen tritt Blut ins freie Gewebe und sofort versuchen die Blutplättchen (Thrombozyten) das Leck zu verstopfen. Sie leiten gleichzeitig die Bildung des hochaktiven Enzyms Thrombin ein. Dieses wiederum veranlaßt den löslichen Plasmabestandteil Fibrinogen dazu, sich in Fäden auszuspinnen. Der mitaktivierte Faktor VIII, der bei der Bluterkrankheit fehlt, bringt sie zur Vernetzung.

In diesem Strickwerk hauchdünner Fasern verfangen sich rasch rote und weiße Blutkörperchen. Die roten Blutkörperchen (Erythrocyten) bleiben einfach hängen und dichten das Leck ab. Bestimmte weiße Blutkörperchen (Leukozyten) wandern in Richtung Oberfläche, um eindringende Bakterien und Viren zu beseitigen. Kaum hat sich dieses Blutgerinnsel verfestigt, beginnen die angrenzenden Hautzellen schon mit ihrer Vermehrung in Form der mitotischen Zellteilung zum Verschluß der Hautlücke. Bindegewebszellen durchwachsen den Bereich darunter.

Die Blutgerinnung:

1. Stufe: *Austritt der Blutplättchen (Thrombozyten)*
2. Stufe: *Bildung des Enzyms Thrombin aus Prothrombin*
3. Stufe: *Thrombin veranlaßt Fibrinogen zur Fadenspinnung*
4. Stufe: *Bildung einer Netzstruktur mit Hilfe von Faktor VIII*
5. Stufe: *Bildung eines Blutgerinnsels zum Stopfen des Lecks*

Regeneration

Die meisten Zellen unseres Körpers haben eine kürzere Lebenserwartung als der Gesamtorganismus und müssen von Zeit zu Zeit ersetzt werden. Das Wunder, wie unser Körper das macht, und dabei einigermaßen gleichbleibt, verstehen wir heute erst in Ansätzen. Wo es nicht ganz gelingt, bleiben uns Narben oder Organstörungen.

Im Moment der Befruchtung der Eizelle besteht unser Organismus aus einer einzigen Zelle, in der die gesamte Information für die Ausbildung und Funktion aller Organe des erwachsenen Körpers vollständig vorhanden ist. Diese erste Zelle wächst und teilt sich so schnell sie kann, ohne irgendeine der ihr prinzipiell möglichen Organfunktionen auszuüben. Diese Art des Wachstums nennt man *undifferenziert.*

Bereits ab der fünften Teilung aber beginnen die jetzt vorliegenden 16 Zellen mit der Ausbildung der grundlegenden Körperstruktur und sehr bald mit allen Organen. Sie wachsen also *differenziert* zu Hautzellen, Nierenzellen, Nervenzellen usw. Dieser Prozeß dauert über die Geburt hinaus bis zum Erwachsenenalter, bis unser Körper seine endgültige Form und Größe hat.

Ab nun werden keine neuen Zellen mehr gebraucht, solange die bisherigen intakt sind, und tatsächlich wissen auch alle Nachbarzellen genau übereinander Bescheid. Sie tauschen ständig intensiv Botschaften aus, sicher mit eine großen Zahl von chemischen Botenstoffen, wahrscheinlich auch durch winzige Lichtblitzchen (Photonen). Wenn eine Zelle im Verband stirbt, so fehlen plötzlich ihre Botschaften in der Umgebung und die direkten Nachbarn einigen sich darauf, wer von ihnen die Aufgabe übernimmt, die Lücke zu schließen.

Krebszellen verstehen diese Kommunikation nicht oder können nicht darauf rea-

p - 53 Gen:

Der Organismus verfügt über ein Gen, das einen Selbstvernichtungbefehl für ungebremst wachsende Zellen enthält. Das Vollbild eines Krebstumors kann sich erst dann entwickeln, wenn dieses Gen als drastischste Form der Selbstheilungskraft ausfällt.

gieren. So wachsen sie ungebremst, obwohl sie das Überleben des Gesamtorganismus und damit ihre eigene Lebensgrundlage in Frage stellen.

Myelozyten:

sorgen für eine unspezifische Abwehr, entstehen im Knochenmark und arbeiten »auf Befehl« und »Kennzeichnung« von Lymphozyten.

Immunsystem

Unser Abwehrsystem gegen belebte und unbelebte Eindringlinge ist gemeinsam mit der Wundheilung als Prinzip schon seit dem Altertum als die Selbstheilungskraft schlechthin bekannt. Seine enge Beziehung zum Nervensystem ist erst in jüngster Zeit erkannt worden und wird eifrig erforscht.

Das Immunsystem umfaßt eine Vielfalt von Zellen und gelösten Stoffen in der Körperflüssigkeit. In einem unglaublichen Zusammenspiel bestreiten sie die Abwehr gegen ein Heer von gefährlichen Viren, Bakterien, Pilzen, Nahrungsbestandteilen und Parasiten.

Tun sie es sofort, so merken wir gar nichts davon, schaffen sie es binnen einiger Tage, so bemerken wir nur unspezifische Symptome wie Abgeschlagenheit. Wenn das Immunsystem länger für den Aufbau seiner Streitkräfte braucht als z.B. der Virus zu seiner Vermehrung, so erleben wir den Kampf als akute Krankheit.

Bei den Zellen des Immunsystems unterscheiden wir myeloische und lymphatische Zellen. Erstere sind für die unspezifische, die Lymphozyten für die spezifische Abwehr zuständig. Voraussetzung für eine erfolgreiche Abwehr ist auch hier die Kommunikation und koordinierte Arbeitsteilung der zahlreichen zellulären Untergruppen und gelösten Stoffe dieses Systems.

Eine Untergruppe der T-Lymphozyten (TH4-Zellen) hat in den letzten Jahren traurige Berühmtheit erlangt, denn sie werden vom HIV, dem AIDS-Virus befallen

Lymphozyten:

sorgen für eine spezifische Abwehr, werden z.T. in der Thymusdrüse (T-Lymphozyten) »ausgebildet« und sind für die Antikörperbildung verantwortlich. Diese Antikörper docken nach einem Schlüssel-Schloß-Prinzip ganz spezifisch am Eindringling an und zerstören oder kennzeichnen ihn für andere »Killerkommandos«.

und zerstört. Das Verschwinden nur dieser einen Zellsorte, die der Körper nicht mehr ausreichend nachproduzieren kann, bewirkt den Zusammenbruch dieses ganzen wundervollen Systems.

Selbstheilungskräfte des Gehirns

Das Gehirn ist die zentrale Steuereinheit unseres Körpers. Es besteht aus Stamm- und Kleinhirn für rein körperliche Funktionen und dem Zwischen- und Großhirn für die intellektuellen Fähigkeiten. Entsprechend sind die körperlichen und psychologischen Selbstheilungskräfte angesiedelt.

Der älteste Bereich, der sich nur unwesentlich von anderen Säugetieren unterscheidet, ist für das rein körperliche Überleben zuständig. Das Kleinhirn reguliert Körperhaltung und Bewegungskoordination. Im Stammhirn befinden sich die Regelzentren für lebenswichtige Funktionen wie Kreislauf, Wasserhaushalt oder Temperatur.

Man geht zwar im allgemeinen davon aus, daß die Funk-tionen von Hirnstamm und Kleinhirn unbewußt, also durch unser Bewußtsein nicht steuerbar sind, doch die Forschung der letzten Jahrzehnte hat gezeigt, daß das nur eingeschränkt stimmt.

Der jüngste Gehirnteil, der aus dem Zwischenhirn und dem Großhirn besteht, wird Endhirn genannt. Es ist in diesem Umfang nur dem Menschen eigen und macht allein etwa 70 Prozent des gesamten Gehirnvolumens aus. In dieser unvorstellbar komplexen, vernetzten Struktur laufen die biochemischen und bioelektrischen Prozesse ab, die wir letztendlich als Wahrnehmung, Gedanken, Gefühle, Entscheidungen, Lernen und Verhalten erleben.

Obwohl wir die Funktionen des Großhirns gerne als Bewußtsein bezeichnen, bleibt in Wirklichkeit auch der Großteil seiner Tätigkeit unbewußt. Allerdings ist uns die spezielle

Die Selbstheilungskraft Fieber:

Die heilende Aktivität des Fiebers geht vom Stammhirn aus. Es verschlechtert durch den Anstieg der Temperatur die Lebensbedingungen eingedrungener Bakterien und regt das Immunsystem zu erhöhter Aktivität an.

Fähigkeit eigen, auch diesen unbewußten Bereich durch Selbstbeobachtung, Meditation und andere mentale Techniken zu erhellen und zu verändern.

Spirituelle Selbstheilungskräfte

Energetische, geistige oder spirituelle Selbstheilungskräfte sind im Rahmen der westlichen Hochschulmedizin kaum erforscht. Das hängt damit zusammen, daß sich diese Kräfte keiner bestimmten Körperstruktur zuordnen lassen. Sicher scheint jedoch zu sein, daß ohne funktionierendes Gehirn keine spirituell-geistige Erfahrung möglich ist. Verborgen bleibt aber, ob es sich bei diesen Erfahrungen und Wirkungen ausschließlich um Eigenleistungen des Gehirns handelt.

Vielleicht ist das Gehirn – und eventuell unser ganzer Körper – nur so etwas wie ein Radioempfänger, mit dem wir uns in ein spirituell-geistiges Programm einklinken. Vielleicht könnten wir sogar das »Surfen durch solche Programme« lernen. Dies jedenfalls behauptet Carlos Castaneda von den spirituellen Wahrnehmungsebenen und Heilkräften mittelamerikanischer Indianer.

Andere Kulturen haben jedenfalls durchaus erfolgreiche Strategien erarbeitet, mit denen der Einzelne diese Fähigkeiten für Aufrechterhaltung und Wiedergewinnung von Gesundheit nutzen kann. Die *Medizin* der amerikanischen Indianer (die hier kursiv geschrieben steht, um sie klar von unserem materialistischen Medizinbegriff abzugrenzen), mit den dazugehörigen Geistwesen geht sogar in ihrer Bedeutung für den Einzelnen weit über die Fragen der Gesundheit hinaus.

Chi – Der Energiestrom der Gesundheit:

Das bei uns bekannteste Beispiel für eine Energie, die dem Prozeß der Gesundheit zugrundeliegt, ist wohl das Chi (auch Ji oder Qi) der chinesischen Heilkunde. Diese Energie fließt in ihren dualen Teilaspekten Ying und Yang auf genau festgelegten Bahnen, den Meridianen, durch den Körper und liegt allen Lebensvorgängen zugrunde. Die darauf beruhende Akupunktur wird überwiegend als traditionelle Therapie verwendet, während die Körperübungen Tai-Chi und Qi-gong in China auf breiter Basis zur Unterstützung der Gesundheit und damit als Prophylaxe ausgeübt werden.

Im Gegensatz zum chinesischen Chi handelt es sich bei der indianischen *Medizin* nicht um eine Lehre, die sich auf Erfahrungen stützt, sondern um eine intuitive visionäre Einsicht eines Menschen in die tieferen Dimensionen eines bestimmten Naturaspekts. Seine Verbindung mit diesem bestimmten Naturaspekt, der zugleich der Name seiner *Medizin* ist, befähigt ihn, seinem Stamm in allen damit zusammenhängenden Fragen von besonderem Nutzen zu sein.

In Fragen der Gesundheit ist die *eigene Medizin*, gemeinsam mit den persönlichen Geistwesen der Ober- und Unterwelt, so etwas wie Erste Hilfe. Nur beim Versagen der eigenen Medizin wird ein Indianer die Hilfe anderer, insbesondere seines Medizinmannes, suchen. Der Medizinmann hat die Fähigkeiten, geistige Verbindung mit einer ganzen Reihe von *Medizinen* aufzunehmen und sie zum Nutzen der Betroffenen einzusetzen.

Alle eigenständigen Kulturen, auch unsere, kennen diese innere Kommunikation mit Aspekten einer anderen Seinsebene, durch die individuelle und kollektive Heilungsprozesse in Gang gesetzt oder gefördert werden. Leider ist in der christlichen Kultur diese Fähigkeit als Hexerei über Jahrhunderte gnadenlos verfolgt worden. Selbst in den Fällen, wo Menschen nach innigem Beten überraschende Heilung erfuhren, sagte man, daß Gott den Erkrankten gerettet habe, und nicht er selbst. Erstaunlich in einer Religion, deren Gründer zum geheilten Lahmen gesagt hat: »Steh auf, dein Glaube hat dir geholfen«.

Selbstheilungskräfte und Bewußtsein

Die Natur hat im Laufe der Evolution offensichtlich dafür gesorgt, daß wir in den ersten 15 Jahren unseres Lebens mit anlagebedingten Selbstheilungskräften so ausgestattet sind, daß sie ausreichen würden, uns auch 150 Jahre alt werden zu lassen, wenn sie so blieben. Dem ist aber nicht so.

Allerdings sind wir normalerweise so reichlich damit ausgestattet und das Nachlassen unserer Selbstheilungskräfte verläuft so langsam, daß wir im allgemeinen erst etwas davon merken, wenn der Abbau schon ziemlich fortgeschritten ist.

Dieser »Verschleiß« ist zwar prinzipiell genetisch festgelegt, aber sein Ausmaß ist kein Schicksal. Ebenso steht es mit der konkreten Verfügbarkeit unserer Selbstheilungskräfte, wenn es darauf ankommt, sie in den einzelnen Problemsituationen zu aktivieren. Abhängig von unterschiedlichen Bedingungen sind wir auch unterschiedlich in der Lage, Ansätze von Störungen schon im Keim zu ersticken, oder eine ausgebrochene Krankheit zu überwinden.

Die Ursachen dieser Schwankungen sind schon lange Gegenstand höchsten Interesses, aber erst in den letzten Jahrzehnten wissenschaftlich erforscht worden. Auch heute noch sind wir weit von einem vollen Verständnis entfernt. Im Menschen stehen alle Lebensvorgänge in einem ständigen Austausch mit unserem hochentwickelten Bewußtsein, durch das wir die Außenwelt und uns selbst wahrnehmen, darüber reflektieren, lernen und phantasieren.

Der Mensch ist in der Lage, bei den im Körper natürlich ablaufenden Lebensprozessen nicht nur zuzusehen, sondern sie mitzugestalten. Diese Fähigkeit zur Mitgestaltung ist jedoch nicht nur eine Möglichkeit, sondern ständige Realität. Unsere geistigen und intellektuellen Aktivitäten formen in jeder Sekunde sowohl unser Erleben, als auch die physiologischen Vorgänge in unseren Körpern mit. Wie kommt es also dazu, daß Aktivitäten des Gehirns unterdrückend auf unsere Selbstheilungskräfte einwirken?

Streß - Der große Gegenspieler

Unter Streßreaktion verstehen wir ein allgemeines, aber individuell unterschiedlich stark ausgeprägtes Muster von biologischen Reaktionen, das nach einem festen Programm abläuft. Der

Organismus reagiert damit auf alle Reize, die eine sofortige Anpassung nötig machen. Dies gilt besonders bei Gefahr und dient dem Überleben.

Das umgangssprachliche Wort Streß bezeichnet üblicherweise das konkrete Erleben einer Streßreaktion. Beim Menschen spiegelt die Ausformung der umfassenden biochemischen Antwort auf Stressreize seine Umwelt in vorgeschichtlicher Zeit wieder. Man glaubt heute, daß die Streßreaktion sich etwa zeitgleich mit dem aufrechten Gang, also beim Verlassen subtropischer Wälder herausgebildet hat. Damals war entscheidend, schnellstmöglich alle Kräfte für Flucht oder Kampf mit Raubtieren oder Artgenossen aktivieren zu können.

Die Wahrnehmung von Gefahr, oder eines anderen Stressors, hat immer die Ausschüttung des Streßhormones Adrenalin zur Folge. Mit dieser Einschwemmung in die Blutbahn des Organismus wird eine Kaskade von biochemischen und damit auch körperlichen Reaktionen losgetreten, die – erst einmal ausgelöst – nicht mehr zu bremsen sind.

Streßreaktion Typ 1:

Streß bei Gefahr: Der Adrenalinausstoß erfolgt in Sekundenschnelle über das Nervengeflecht (Sympathikus), die Nebennieren und einer Drüse im Gehirn (Hypophyse).

Die nach der Streßsituation wieder einsetzende Regeneration läuft in drei Phasen ab. Die Abklingphase setzt unmittelbar nach Beendigung der Streßsituation ein und dauert etwa zehn Minuten, bei Ausbleiben von körperlicher Aktivität länger. Danach kann der Organismus sich wieder um die aufbauenden Funktionen kümmern, die während der Streßphase vernachlässigt wurden. Diese Zeitspanne ist die Erholungsphase. Ist wieder alles ausgeglichen, beginnt die Ruhephase.

Wie wir alle aus unserem realen Leben wissen, kommt ein Stressor aber selten allein. Begegnet uns der nächste in der Ruhephase, beginnt das ganze Spiel von vorne. Fällt der nächste Streßreiz in die Streßphase, liegen die Dinge um einiges komplizierter. Der Organismus ist nicht in der Lage, seinen

Die wichtigsten Symptome von Adrenalin und seine Folgen:

- *Durchblutung und damit besserer Sauerstoffversorgung*
- *Erweiterung der Lungen – schnellere und intensivere Atmung*
- *Erhöhung der Hirndurchblutung – schnelles Denken*
- *Erhöhung des Blutzuckerspiegels – mehr Engergie*
- *Verengung der Blutgefäße der Haut – geringere Blutungsgefahr bei Verletzung*
- *Erweiterung der Blutgefäße der Muskulatur – schnellere Beweglichkeit*
- *Erhöhung der Gerinnungsfähigkeit – schnellerer Blutstop bei Verletzung*
- *Röhrenförmiges Gesichtsfeld – konzentrierte Wahrnehmung*

Pulsschlag vergleichbar hochzufahren, wie in der Ruhephase. So gut es geht, versucht er es dennoch. Wird er durch allzuviele oder zu starke gleichzeitige Stressoren überfallen, kommt es zum akuten Kollaps.

Trifft der nächste Streßreiz in die Abklingphase, so schaukeln sich die Reaktionen auf den Streß allmählich höher und höher bis z. B. die Pulsfrequenz auf so kritische Werte steigt, daß sie besonders einem vorgeschädigten Herzen gefährlich werden. Dazu verflacht auch zunehmend die Abklingfunktion, wie auf Abb. 5 dargestellt. Das bedeutet, daß es immer länger dauert, bis die Erholungsphase beginnt, nachdem der Streßreiz geendet hat. Dies mündet bei entsprechender Häufigkeit in einen chronischen Erschöpfungszustand.

Streßreaktion Typ 2:

Chronischer Streß (Managerkrankheit). Bei ständigem Streß, der ausreichende Regenerationsphasen zwischen den einzelnen Streßphasen verhindert, tritt ein chronischer Erschöpfungszustand ein. Die Nebenniere hat eine gesteigerte Funktion.

Die Streßreaktion ist *stereotyp*. Damit ist gemeint, daß unser Organismus auf alle Reize, die er als Stressoren einstuft, mit

Streß und Krankheiten:

Chronischer Streß führt vermehrt zu Krankheit und vorzeitigen Todesfällen. Insbesondere in den westlichen Industriestaaten sind dies nachweislich: Herzinfarkt, Schlaganfall, Krebs, Zuckerkrankheit und Infektionskrankheiten mit AIDS.

genau dem gleichen Programmablauf antwortet.

Stellen Sie sich einmal vor, Sie öffnen nichtsahnend eine Ihnen unbekannte Türe – und dort sitzt ein sprungbereiter Tiger! In Sekundenbruchteilen kommt die volle Streßreaktion in Gang, und auch, wenn Sie die Türe gleich wieder zuschlagen, werden Sie Ihren erhöhten Pulsschlag noch eine ganze Weile wahrnehmen können. Ihre Reaktion wäre genau gleich, wenn hinter dieser Türe ein Heißluftgebläse Sie mit 200 Grad heißer Luft angefaucht hätte, aber auch, wenn dort ein Mensch gesessen hätte, den Sie hassen, oder dort ein grauenhafter Horrorfilm spielte.

Da also ganz verschiedene Reize die Streßreaktion auslösen können, wächst die Wahrscheinlichkeit stark an, daß die Erholungsphase gestört wird. In diesem Zusammenhang ist auch festzuhalten, daß Menschen im allgemeinen nur negativ besetzte Ereignisse mit Streß assoziieren. Der Streßgehalt primär positiver Ereignisse wird meist unterschätzt, und beträgt im Durchschnitt etwa zwei Drittel des entsprechenden negativen Ereignisses.

Für die Verzögerung der Erholung haben positive Ereignisse, die unsere Anpassungsfähigkeit erfordern, aber genau die gleiche Bedeutung, und sie können somit ebenfalls zum chronischen Erschöpfungssyndrom beitragen.

Die negative Wirkung von chronischem Streß auf die Körperreaktionen, die unsere Gesundheit sichern und gegebenenfalls wiederherstellen, ist eindeutig nachgewiesen.

Trotz all dieser negativen Aspekte des Streßgeschehens ist die Streßreaktion grundsätzlich ein lebensförderndes und lebenserhaltendes Phänomen.

Wichtig ist sie z. B. in der Jugend, wo die Anpassung an Herausforderungen zur vollen Ausbildung unserer Möglichkeiten unverzichtbar ist, ebenso zur Bewältigung von Ausnahmesituationen, aber auch, damit wir unsere ursprüngliche Leistungsfähigkeit langfristig bewahren können. Zum rechten Zeitpunkt und im rechten Maß ist sie ein unverzichtbarer Mechanismus, der uns zu Höchstleistungen befähigt, die uns Freude und Befriedigung erleben läßt und manchmal auch das Leben rettet.

Deshalb geht es bei der Stärkung unserer Selbstheilungskräfte nicht nur um das Vermeiden von Streß, sondern vor allem darum, ihn uns frühestmöglich *bewußt* zu machen, wenn er nicht notwendig ist zu beenden und Raum für Erholung zu schaffen.

Wahrnehmung

Unter *Wahrnehmung* verstehen wir meistens das, was wir bewußt durch unsere Sinne erleben. Tatsächlich beschränken wir uns üblicherweise auf das, was wir für wahr nehmen, doch das ist nur ein Teil der Wahrheit. Blinde nehmen die Informationen über ihre Welt ausschließlich über die vier verbliebenen Sinne war und entwickeln damit meist verblüffende Fähigkeiten. »Normale« wissen oft nicht, daß sie auf eine Fülle von Sinneseindrücken freiwillig verzichten, die sie ihr Leben reicher und schöner erleben ließen.

Tatsächlich sind Menschen, die gleichermaßen gut sehen, hören, riechen, schmecken und fühlen können, in der modernen Industriegesellschaft eine ausgesprochene Rarität, und heute fast nur noch bei Naturvölkern anzutreffen. Der volle Einsatz all unserer Sinne stellt in unserer Gesellschaft keine wesentliche Verbesserung unserer Überlebenschancen dar, und es ist ganz normal, daß ca. 75 Prozent der Menschen sich überwiegend auf den Gesichtssinn konzentrieren.

Die Informationslieferanten des Gehirns:

- *Das Auge mit seinen Stäbchen und Zäpfchen in der Netzhaut*
- *Das Ohr mit seinen Sinneszellen im Innenohr*
- *Die Zunge mit all seinen Geschmackspapillen*
- *Die Nase mit all ihren Riechzellen*
- *Die Haut mit Millionen Tastkörperchen und Milliarden Schmerzrezeptoren*

Die meisten Inhalte, die in unserer verstandesbetonten Zeit vermittelt und gefordert werden, werden auf optischem Weg am leichtesten verarbeitet. Die 25 Prozent der Menschen, die das Hören oder Fühlen als ihren »Hauptkanal« wählen, werden leicht als legasthenisch oder behindert abgestempelt, da ihre Strategien der Informationsverarbeitung anders und für analytische Aufgaben weniger geeignet sind.

Unabhängig von dieser Wahl eines bevorzugten Kanals ist es aber offenkundig, daß wir viel mehr wahrnehmen, als uns bewußt wird. Unser Nervensystem wird in jeder Sekunde überhäuft mit Abermilliarden von Einzelimpulsen. Um sich in unserer Welt zurechtfinden und angemessen handeln zu können, muß wesentliche Information von unwesentlicher getrennt werden. Die Grundzüge dieses Auswahlsystems sind genetisch festgelegt.

Die individuelle Ausformung unserer fünf Sinne findet vor allem im Laufe unserer ersten drei Lebensjahre, weitgehend vollständig mit unserer Pubertät statt, jedoch bleibt ein gewisser Spielraum erhalten. Wir entwickeln dieses Auswahlsystem im lebendigen Zusammenspiel mit unserer Lebenserfahrung.

Einstellung

Als Ergebnis entwickelt jeder Mensch ein einzigartiges Geflecht von primär unbewußten Überzeugungen darüber, was Bedeutung hat oder nicht, die wir Einstellungen oder Glaubenssätze nennen. Ab dem Zeitpunkt ihrer Entstehung wird nur noch Information unser Bewußtsein erreichen, die vorher den Filter unserer Einstellungen passiert hat.

Daraus resultiert der wissenschaftlich erwiesene Umstand, daß auch der Streßgehalt einer konkreten Situation nicht durch die Situation selbst bedingt ist, sondern von der Bewertung durch den Betroffenen abhängt. Bei der Ursachensuche für Gesundheitsstörungen am Arbeitsplatz z.B.

Einstellungssache:

Wenn ein Mönch in eine Taverne geht, wird die Taverne für ihn zu einer Klause, wenn ein Zecher in eine Klause geht, wird für ihn die Klause zu einer Taverne.

zeigte sich, daß die Überzeugung »nichts am Streß ändern zu können« viel deutlicher mit Krankheiten einherging, als die Höhe der tatsächlichen Streßbelastung.

Streßversuch bei Ratten:

In zwei gleichartigen Käfigen wurden Tiere der gleichen Brut in unregelmäßigen Abständen mit intensiven Streßreizen (z. B. Stromstöße) geschockt. In einem Käfig erhielten die Tiere aber die Möglichkeit, die einzelnen Streßreize durch Tastendruck für sich und den anderen Käfig zu beenden. Die Tiere in dem Käfig mit der Taste lernten sehr schnell die unangenehmen Reize abzustellen und entwickelten keine Störungen. Die Tiere im anderen Käfig entwickelten – obwohl sie den Stromstößen annähernd genauso lange ausgesetzt waren – Gesundheitsstörungen. Der einzige Unterschied bestand in der Fähigkeit zu erlösendem Handeln.

Wenn schon bei körperlichen Streßfaktoren die Bewertung eine so dominierende Rolle spielt, so darf man annehmen, daß dies bei psychosozialen Streßreizen erst recht so ist. Wenn jemand z.B. den Satz »was Hänschen nicht lernt, lernt Hans nimmermehr« verinnerlicht hat, wird ihm jede neuartige berufliche Aufgabe den Angstschweiß auf die Stirne treiben. Das führt zu Dauerstreß. Für jemanden dessen Einstellung stattdessen lautet »das schaff ich, das wäre ja gelacht«, wird die gleiche Aufgabe eine sportliche Herausforderung sein – und bestenfalls einen kurzen Adrenalinausstoß zur Folge haben.

In unserer Gesellschaft wirkt z. B. unfreiwilliger intensiver Körperkontakt, etwa in einem überfüllten Autobus, im allgemeinen streßauslösend und führt oft zu Auseinandersetzungen. Wer einmal in Südindien war, hat vielleicht gestaunt, in welcher Enge die Menschen dort auch bei größter Hitze den Eindruck machen, als gäbe es überhaupt niemanden um sie herum, der sie in ihrer Ruhe stören könnte.

Einstellungen geben also Streßsituationen erst das spezifische Gewicht. Ihre größte Bedeutung haben sie aber schon eine Stufe vorher, wo die Entscheidung fällt, ob das Ereignis überhaupt das Einleiten einer Streßreaktion lohnt. Jede Gesellschaft und jedes Individuum hat aus Erfahrung eine ganze Reihe von prinzipiellen Einstellungen entwickelt, die darüber entscheiden, ob eine bestimmte Situation eine spezielle Anpassungsanstrengung erfordert. Gehört diese Situation zur üblichen Lebenserfahrung, und stehen ausreichend geübte und sichere Strategien für ihre Bewältigung zur Verfügung, so wird die Streßreaktion nicht eingeleitet.

Vorstellung

Gehen wir nun einmal davon aus, wir nehmen eine Situation wahr, die uns Streß erleben läßt, obwohl sie gar nicht real existiert, etwa das Anschauen eines Horrorfilms. Wir erleben alle Symptome einer Streßreaktion, obwohl in Wirklichkeit gar nichts passiert. Die visuelle und akustische Information reicht aus, uns so zu fühlen, als wären wir real beteiligt, obwohl unsere anderen Sinne uns widersprechende Informationen vermitteln, daß wir doch in einem bequemen Kinostuhl sitzen oder alles nur gespielt ist usw.

Wenn wir nach Hause kommen, und dort allein sind, kommen die Bilder vielleicht wieder hoch, und wir erleben die Symptome nochmals – obwohl wir jetzt überhaupt keine Wahrnehmung von außen mehr haben. Später in der Nacht träumen wir vielleicht noch davon, und wachen schweißgebadet auf.

In diesem Beispiel begegnet uns eine weitere Fähigkeit unseres Bewußtseins, die für unser Erleben ebenso wichtig ist wie für unsere Gesundheit, die Kraft unserer Vorstellung. Wir haben die Möglichkeit, uns an jede beliebige Sinneswahrnehmung zu erinnern oder sie zu konstruieren. Das Gedächtnis speichert unsere vergangene Wahrnehmung als Ganzes, also Bilder mit Tönen, Fühl- und Gefühlsqualitäten, Geruchs- und Geschmacksempfindungen.

Beim Erinnern können wir mit etwas Übung die ganze Palette der Empfindungen wiedererleben, was die Erinnerung dem damaligen Erleben sehr ähnlich machen kann. Da unsere Denkprozesse über die assoziierten Gefühle aufs Innigste verwoben sind mit all unseren übrigen Körperfunktionen, führen vorgestellte Sinnesreize zu genau den gleichen körperlichen Folgen wie aus der Außenwelt wahrgenommene, allerdings in etwas abgeschwächter Form.

Das ist von eminenter Bedeutung für die Streßproblematik, bildet aber zugleich den Schlüssel zu einer möglichen Steigerung unserer Selbstheilungskräfte.

Wenn Sie sich z.B. bei einer Gefahrensituation, die Sie erlebt haben, immer wieder ausmalen, was alles hätte passieren können und Sie das Erlebte zigmale erzählen und dabei ausschmücken, bringt Sie Ihre Vorstellungskraft in Streß. Vielleicht lösen Sie sogar eine ähnliche Reaktion beim Zuhörer aus.

Wissenschaftlichen Untersuchungen weisen nach, daß bis zu 85 % der Streßbelastung der untersuchten Personen durch innere Vorstellungen und freiwillige Aufnahme streßerzeugender Informationen und Bilder hervorgerufen wird. Da wir in unseren Einstellungen schon früh festlegen, was für uns interessant ist, passiert die Auswahl der Informationszufuhr so unbewußt, daß wir nicht bemerken, was wir da freiwillig auswählen. Gerade die Inhalte der Medien sind in dieser Hinsicht nicht zu unterschätzen, wie Fernsehen und Computerspiele.

Groll

Eine besonders belastende Verhaltensweise ist in diesem Zusammenhang auch Groll, den wir auf jemanden hegen. Im Grunde bedeutet Groll nichts anderes, als daß jede Begegnung mit Erinnerung an diesen Menschen die Summe aller negativen Erfahrungen heraufbeschwört, die ich mit ihm gemacht habe. Eine einzige intensive Grollbeziehung reicht aus, um ein sonst streßarmes Leben zu vergiften, wenn der Streßgegner innerlich oder äußerlich oft genug auftaucht. Eine Grollbeziehung mit Partnern, Kindern, Eltern, Personen im Beruf, Verwandten und

Wie würden Sie reagieren?

Sie fahren mit dem Auto in erlaubter Geschwindigkeit auf der Hauptstraße. An der Kreuzung mit einem Feldweg steht ein blauer VW mit einem jungen Mann am Steuer. Gerade vor Ihnen gibt er Gas und versperrt Ihnen die Straße, viel zu knapp, um noch stehenzubleiben. Sie machen eine Vollbremsung und schaffen es unter Aufbietung aller Kräfte, einen Unfall zu vermeiden. Ihre Streßreaktion ist voll ausgeprägt.

1. *Sie rennen dem Fahrer nach und verprügeln ihn. Dies ist die älteste Reaktion in der Entwicklungsgeschichte des Menschen, zählt aber heute nicht mehr zum guten Ton.*
2. *Sie machen das gleiche ohne Gegner, also steigen aus, rennen ein Stück auf dem Feldweg, und schreien ihre Wut oder Angst heraus. Das bringt ihre Streßreaktion am schnellsten zu Ende.*
3. *Sie halten an, bleiben im Auto sitzen, trommeln auf das Lenkrad und schreien sich da aus. Die Abklingphase ist etwas länger.*
4. *Sie bleiben sitzen, atmen tief durch und freuen sich, daß nichts passiert ist. Die Abklingphase ist gleich wie beim Beispiel vorher.*
5. *Sie fahren weiter, schimpfen eine Weile in in sich hinein, vergessen das Ganze aber dann, weil Sie sich angenehmeren Denkinhalten zuwenden. Die Streßphase bleibt aufrecht, solange Sie schimpfen, die Abklingphase dauert jedoch deutlich länger als bei den anderen Beispielen.*
6. *Sie fahren weiter und lassen die kritische Szene immer wieder vor Ihrem inneren Auge ablaufen. Wenn Sie anschließend zu einer Cocktailparty fahren, erzählen Sie die ganze Geschichte noch 20 mal. Kurzum, Sie erleben Ihre Streßsituation beliebig oft wieder, und Ihre Streßphase wird beliebig verlängert, so daß es gar nicht zum Abklingen kommt.*

Nachbarn, in absteigender Reihenfolge, ist dementsprechend gefährlich.

Zusammenfassend können wir sagen, daß unser Bewußtsein durch Wahrnehmung, Einstellung und Vorstellung darüber entscheidet, ob und in welchem Ausmaß ein Ereignis streßauslösend wirkt, wie lange die Streßphase nach dem Ende des realen Stressors anhält, wie rasch der Streß abklingt und ob wir uns Streßreizen freiwillig aussetzen.

Die Streßreaktion vom Typ 2, also das chronische Erschöpfungssyndrom bei ausbleibender Erholung, ist der wichtigste Faktor bei der Unterdrückung unserer Selbstheilungskräfte. Streß ist das entscheidende Verbindungsphänomen zwischen unserem Bewußtsein und Störungen unserer Gesundheit.

Würden wir das Potential zur Förderung unserer Selbstheilungskräfte, das in unserem Bewußtsein schlummert, auf individueller und gesellschaftlicher Ebene voll nutzen, würde Streß jedoch sehr rasch seine Rolle als Gesundheitsfeind Nr. 1 verlieren und viele destruktive Elemente unseres Lebens würden verschwinden.

Unspezifische Aspekte der Selbstheilung

von Hermann Lechleitner

Welche Möglichkeiten hat der Einzelne oder die Gesellschaft, die Unterdrückung der Selbstheilungskräfte aufzuheben?

Anerkennung - Der erste Schritt

Damit überhaupt eine Chance besteht, daß etwas aktiv verändert werden kann, muß es erst einmal wahrgenommen und anerkannt werden. Das klingt zwar selbstverständlich, ist es aber keineswegs. Viele Menschen wissen zwar, daß sie unter übermäßigem Streß leiden, spüren aber Beginn und Ende der einzelnen Streßreaktion nicht mehr. Erst die sinnliche Wahrnehmung und Anerkennung des Streßgeschehens im Körper versetzt uns in die Lage, uns etwas für seine rasche Beendigung einfallen zu lassen.

Möglichkeiten des Streßabbaus:

- *Körperliche Aktivität zur rascheren Beendigung der Streßchemie*
- *Entspannungstechniken zur Vertiefung der Erholungs- und Ruhephase*
- *Arbeit an Einstellungen zur Verminderung streßauslösender Situationen*

Zunächst muß die Feststellung getroffen werden, ob es sich um ein Streßgeschehen handelt, das in meinem Inneren wütet oder ob es real von außen an mich herangetragen wird. Am einfachsten liegt die Sache, wenn ich bemerke, daß der eigentliche Stressor schon vorbei ist, und nur durch meine Erinnerung aktiv gehalten wird. Ich suche mir einfach einen anderen Bewußtseinsinhalt. Das funktioniert bei einem erstaunlich hohen Anteil von Streß. Bei zwanghaftem Erinnern können verschiedene mentale Techniken Abhilfe schaffen, in sehr hartnäckigen Fällen eine Psychotherapie.

Wenn der Streßreiz tatsächlich noch anhält, ist es das beste, sich diesem zu entziehen. Wenn das unmöglich ist, z.B. bei der Arbeit mit einem überkritischen Chef, kann ich an meinen Vorstellungen arbeiten und damit mein inneres Erleben verändern. Dies vollzieht sich beispielsweise in folgenden Schritten:

- Ich mache mir bewußt, ob ich tatsächlich jetzt kritisiert werde, oder ob ich nur in unangenehmen Erinnerungen und Vorstellungen schwelge.
- Ich gehe konstruktiv mit dem zutreffenden Teil der Kritik um und weise den ungerechtfertigten Teil zurück.
- Ich höre nicht hin, sondern stelle mir inzwischen etwas Schönes vor.
- Ich stelle mir meinen Chef während seines »kritischen Anfalls« in der Unterhose vor und achte darauf, wie ich mich dabei fühle.

Jede dieser Maßnahmen wird mein inneres, emotionales Erleben deutlich zum Guten verändern und meine Streßbelastung verringern, obwohl mein Chef sich nicht verändert hat. In diesem erleichterten Zustand steigt auch die Chance, daß mir eine gute längerfristige Lösung einfällt, z.B. ein neues Betätigungsfeld bei einem anderen Arbeitgeber.

Behinderung der Selbstheilungskräfte durch:

- *Mangel an körperlicher Bewegung und falsche und übermäßige Ernährung*
- *Genußmittel wie Kaffee und Nikotin*
- *Rauschgifte wie Alkohol, Cannabis, Kokain, Morphine und Designerdrogen*
- *riskante Sexpraktiken*
- *agressives Verhalten beim Sport und Autofahren*
- *Überschwemmung mit negativen Informationen durch die Medien*

Lebensstil

Es ist selbstverständlich, daß unsere Einstellungen auch bei der Wahl des Lebensstils eine entscheidende Rolle spielen. Die Anforderungen und Angebote unserer Wohlstandsgesellschaft unterscheiden sich dramatisch z.B. von der andauernden, abwechslungsreichen und umfassenden körperlichen Aktivität, die das Leben der frühen Menschen prägte.

Gegenläufig verhält es sich mit der *Ernährung*, die uns heute in nie gekannter Reichhaltigkeit und Fülle zur Verfügung steht. Die Folge ist Übergewicht bei circa 40% der Bevölkerung. Allein Rauchen stellt schon den bedeutendsten Einzelfaktor für die Entstehung von Lungenkrankheiten inklusive Krebs dar. *Autounfälle* sind bei jungen Männern Todesursache Nr. 1 noch vor Selbstmorden und im Zeitalter von Aids stellen riskante *Sexpraktiken* eine echte Lebensgefahr dar.

Alle diese Verhaltensweisen sind Hinweise auf eine Einstellung, die den Sinn des Lebens nur im *kurzfristigen Genuß* (»Flash«) ohne Orientierung auf langfristige oder gar spirituelle Ziele sucht. Die Schwierigkeit, das Leben ohne längerfristige Perspektive erfüllend zu gestalten, hat in unserer Gesellschaft über den ganz normalen Wahnsinn des Konsumrausches hinaus einerseits die Rauschgiftszene boomen lassen, andererseits Entstehen und Wachstum von Sekten gefördert. Diese nehmen durch rigide Regeln dem desorientierten Einzelnen jede Verantwortung in Sinnfragen ab.

Nur vordergründig geht es dabei um einzelne destruktive Verhaltensweisen. Dahinter steht meist ein ganzes Bündel von Überzeugungen und Einstellungen zu sich selbst und der Welt, die so schmerzhaft sind, daß die *Betäubung* durch Konsum und Sucht als bestmöglicher Ausweg erscheint. Während früher die Religionen und Stammeskulturen eine verbindliche Richtschnur für den Einzelnen waren, ist heute jeder auf das persönliche Finden seines Weges zurückgeworfen.

Die Erfahrungen des Wiener Psychoanalytikers Viktor Frankl belegen eindrucksvoll, wie die Ausrichtung an einem *Lebenssinn*, der über unsere individuelle Existenz hinausgeht, unglaubliche Kräfte für die Überwindung auch kritischster Lebensphasen freimachen kann. Dazu ist es nötig, innere Einstellungen und Glaubenssätze aufzuspüren, die diese selbstheilende Sinngebung verhindern. Erst wenn wir sie erkennen und anerkennen, haben wir die Freiheit, sie in einer Weise zu verändern, die unsere Selbstheilungskräfte unterstützt.

Bewegung

Die jahrtausendelange konstante Kombination von abwechslungsreicher Bewegung mit knapper Kost führte zu guten Körperkräften und Ausdauer, die für den Überlebenskampf des Menschen zwingend erforderlich war. Heute ist freiwilliges Körpertraining notwendig, um wieder in den Genuß der Leichtigkeit zu kommen, mit der all unsere Organe funktionieren. Diese Leichtigkeit ist die beste Unterstützung für unsere Selbstheilungskräfte, die auch erste Anzeichen degenerativer Krankheiten rasch beseitigen können.

Tips für die Fitness:

1. *Bewußtwerden der Ausgangsituation und Ausschluß einer Krankheit oder Störung, die durch die Übung verschlimmert wird.*
2. *Überprüfung der Leistungsfähigkeit des Herzens ab dem 50. Lebensjahr durch den Arzt.*
3. *Aerobe Übungen als Basis: Darunter versteht man körperliche Aktivität, bei der genau soviel Sauerstoff verbraucht wird, wie der Kreislauf aufnehmen kann.*
   Dem entspricht eine Anstrengung, bei der man sich noch eingeschränkt unterhalten kann und nicht außer Atem gerät. Dauert die Übung länger als 20 Minuten, so kann die Intensität der Übung auch darunter liegen.
4. *Aufwärmphase durch langsame Streckubungen erleichtert den Beginn und hilft Verletzungen zu vermeiden.*
5. *Abkühlphase mit langsamem Abklingen der Anstrengung beugt Problemen mit dem Kreislauf vor.*
6. *Regelmäßigkeit in der Durchführung von etwa zwei- bis dreimal pro Woche. Nur sporadische Höchstleistungen können die Leistungsreserven überfordern.*
7. *Reduzierung der Intensität oder Verzicht auf das Training im Fall von Unpässlichkeiten.*

Die am häufigsten mit Bewegungstraining in Zusammenhang gebrachten Begriffe sind Kraft, Ausdauer, Herz – und Atmungsfunktion und Gelenkigkeit. Für die Lebensqualität können aber andere Aspekte wie Balance, Koordination oder Reaktionsfähigkeit noch wichtiger sein. Deshalb muß jeder für sich selbst die optimale Mischung körperlichen Trainings finden.

Es ist wichtig, bescheiden und achtsam aufzubauen, und die individuelle Ausgangssituation zu berücksichtigen. Eine Verlängerung der Zeitdauer ist besser als die Erhöhung der Intensität. Etwa fünf Minuten nach der Übung sollte der Puls unter 120 Schlägen, nach zehn Minuten unter 100 Schlägen pro Minute betragen. Auch die Atmung sollte dann wieder normal sein, sonst war die Übung zu anstrengend.

Nach Überzeugung von Kenneth H. Cooper, einem Fitness-Papst der ersten Stunde, sind die besten Übungen vor allem Laufen, aber auch Schwimmen, Radfahren, Spazierengehen. Auch Handball, Basketball und Squash in absteigender Reihenfolge sind gut. Erst mit einigem Abstand folgen Tennis, Golf und Volleyball, weil sie keine gleichmäßig hohe Pulsfrequenz über längere Zeit bewirken.
Die segensreichen Wirkungen eines angemessenen Trainingsprogramms für den Körper bringen darüber hinaus speziell beim Laufen noch andere Benefizien mit sich: So weisen z.B. Menschen mit Depressionen durch ein regelmäßiges Lauftraining Verbesserungen ihres Zustandes auf, die die medikamentöse Therapie noch übertreffen.

Intensives Körpertraining scheint gerade in unserer Zeit auch einen besonders wichtigen Beitrag zu leisten für die persönliche Erfahrung der Integration von Geist und Körper. Viele Menschen beschreiben in diesem Zusammenhang Erfahrun-

Positive Folgen regelmäßiger körperlicher Aktivität:

- *Stärkung der gesamten Körpermuskulatur*
- *Kräftigung von Herz, Lunge und Kreislauf, mit Normalisierung eines vorher mäßig abnormen Blutdrucks*
- *Ersatz von Fett in der Muskulatur und dadurch bessere Kalorienverwertung*
- *Verbesserung der Verdauung*
- *Steigerung der Vitalität*
- *Vorbeugung der Altersosteoporose (Knochenentkalkung)*

gen des Eins-Seins, der Losgelöstheit und innerer Einsichten, die der Schilderung von Erlebnissen in tiefer Entspannung und Meditation zum verwechseln ähneln. Allen gemeisam ist die intuitive Wahrnehmung des vollständigen Verwobenseins und Durchdrungenseins von Körper, Geist und Welt.

Häufig sind auch Veränderungen der Wahrnehmung. Während meditative Techniken diese Erfahrungen zum Ziele haben, treten sie bei intensiver körperlicher Aktivität sozusagen nebenbei auf, und können als ganz normal betrachtet werden. Man geht heute davon aus, daß sie zumindest teilweise mit der Freisetzung großer Mengen von Neurotransmittern – Botenstoffen des zentralen Nervensystems – zusammenhängen.

Ernährung

In wenigen Bereichen unseres täglichen Lebens herrscht nach so vielen Jahren der Forschung noch soviel Unklarheit und verbissene Auseinandersetzung wie in Fragen der Ernährung. Sicher kennen wir heute die Mindestmenge an wesentlichen Nahrungsbestandteilen, die im Bevölkerungsdurchschnitt das Auftreten von feststellbaren Mangelzuständen verhindert. Das heißt aber nicht, daß eine so zusammengesetzte Ernährung auch für die Mehrzahl aller Menschen das Optimum bedeutet.

Unsere Nahrung besteht aus einer ungeheueren Vielfalt von Stoffen, die sich auf fünf Hauptbestandteile reduzieren lassen. Zusammensetzung und Umfang unserer Ernährung haben sich in den vergangenen 100 Jahren jedoch stark verändert. Raffinierte Kohlehydrate, wie der weiße Zucker, die früher nur in Gewürzmengen zur Verfügung standen, machen heute bis zur Hälfte der täglich aufgenommenen Kalorien aus. Der Fettkonsum stieg von 15 auf bis zu 40 Prozent. Natürliche Ballaststoffe verschwanden dagegen fast völlig. Auch die durchschnittliche Kalorienzahl stieg von ca. 1800 Kcal/Tag auf 2400 Kcal/Tag, mit schwerwiegenden Folgen im wahrsten Sinne des Wortes.

Bestandteile der Nahrung:

- *Kohlehydrate als Stärke, Zucker und Alkohol*
- *Fette in Form von Butter, Öl und Schmalz*
- *Eiweiß aus Aminosäuren bestehend*
- *Vitamine A, B – Komplex, C, D, E*
- *Mineralstoffe und Spurenelemente z. B. Kochsalz, Kalium, Calcium, Kupfer, Magnesium, Zink, Selen*

Ernährungstips für die Wohlstandsgesellschaft:

- *mehr Früchte, Gemüse und Vollkorn*
- *weniger raffinierten Zucker auch in vorgefertigten Produkten*
- *weniger Fett, insbesonders im Fleisch verstecktes*
- *weniger gesättigte, dafür mehr ungesättigte Fettsäuren im freien Fett*
- *weniger Cholesterin durch z.B. weniger Butter und Eier*
- *weniger Salz, besonders in Fertigprodukten*

Die »typische« moderne Ernährung ist also zu fett, zu angereichert mit Zucker, hat zu wenig Ballaststoffe, zu wenige Mineralien und Spurenelemente. Sie ist arm an Vitaminen, dafür reich an Konservierungsstoffen und Salz, Alkohol und Koffein. Bluthochdruck, coronare Herzkrankheit, Darmentzündungen und Krebs des Dickdarms, Brustkrebs und anderes mehr wird in Zusammenhang mit unseren Eßgewohnheiten gebracht.

Dem rasanten Fortschritt der Nahrungsmittelindustrie und dem wachsenden Wohlstand in den Industriestaaten haben wir es wirklich zu verdanken, daß wir heute die Wahl haben, uns so zu ernähren, daß es tatsächlich unser Überleben gefährdet. Auch wenn diese erkennbar schädlichen Ernährungsgewohnheiten erst im Zusammenwirken mit Bewegungsmangel und Streß unmittelbar gefährlich werden, ist die Umstellung der Ernährung einer der wichtigsten Schritte zur Gesundheitssicherung.

Schon 1968 hat das norwegische Landwirtschaftsministerium eine Ernährungsempfehlung herausgegeben und vor 20 Jahren hat der US-Senat, wahrhaftig kein Zirkel von Müsli-Gurus, eine ähnliche Liste mit klaren Angaben über die sinnvolle Gewichtung der einzelnen Hauptnahrungsbestandteile veröffentlicht. Die meisten Industrienationen haben seither ähnliche Empfehlungen herausgegeben.

Wohl trägt die viele Arbeit, in der grundsätzliche Züge einer bekömmlichen Ernährung skizziert und auch über die Medien und Gesundheitsinstitutionen empfohlen werden, langsam Früchte, doch ist es immer wieder erstaunlich, wie langsam. Dafür gibt es mehrere Erklärungen.

Zum einen führt ein Wechsel der Ernährungsweise im allgemeinen zu sehr zarten Veränderungen, die sich erst langfristig auswirken. Bis sie statistisch greifbar werden, können Jahrzehnte vergehen. Zweitens kann der Unterschied zwischen vollem Depot und offensichtlichem Mangelzustand eines wesentlichen Nahrungsbausteins z.B. von Vitaminen oder Mineralien um den Faktor 40 schwanken. Das bedeutet, daß von zwei vergleichbaren Menschen der eine eventuell die 40-fache Menge benötigt.

Es ist offensichtlich, daß dies der Vision, man könnte eine allgemein verschreibbare »Gesunde Ernährung« finden, den Todesstoß versetzt. Die biochemische Individualität des Einzelnen ist dabei nicht nur als rein genetische Festlegung zu sehen, sondern erfordert auch die Berücksichtigung der ganzen Lebensumstände wie Alter, Geschlecht, Streß, körperliche Aktivität, Gesundheitszustand, Jahreszeit, sozialer Status und Beruf, um nur die wichtigsten aufzuzählen.

Die Menschheit wäre außerdem schon längst ausgestorben, wenn sie nur mit einer bestimmten Kostform überleben könnte. Eskimos vertragen nämlich z.B. das völlige Fehlen von frischem Grün, sowie einen Fettanteil an den Gesamtkalorien bis zu 80 Prozent, ohne vermehrt Vitaminmangel oder Herzinfarkte zu entwickeln. Die Hunza im Himalaya nehmen weniger als die Hälfte der bei uns empfohlenen Mindestmenge an Proteinen zu sich und zeigen nicht die leisesten Anzeichen von Eiweißmangel. In beiden Kulturen herrscht jedoch im Gegensatz zu uns ein hoher Level an körperlicher Aktivität.

Daß die Menschheit bis in unsere Zeit vor schwerwiegender Fehlernährung verschont geblieben ist, hängt vor allem mit der grundsätzlichen Ähnlichkeit aller lebenden Organismen zusammen. Alles Leben auf der Erde besteht aus den gleichen Grundbausteinen in einer nahezu identischen Mischung. Solange der Mensch überwiegend komplette Organismen verspeist wie Grassamen, Getreide, Früchte, Wurzeln und Tiere, ernährt er sich vollwertig.

Weniger ist manchmal mehr

Nur mit der Menge war es in früheren Zeiten manchmal schwierig. Gerade diese erzwungenen Phasen »innerer Leere« entdeckten aber schon frühe Kulturen als wertvolle Erfahrungen, so daß wir das Fasten als rituellen Aspekt in fast allen Kulturen finden. Dies trägt der jahrtausendealten Erfahrung Rechnung, daß freiwilliges Fasten die Gesundheit stärkt.

Ungefähr ein Drittel unserer Abwehrzellen ist dauernd, besonders aber nach den Mahlzeiten nur damit beschäftigt, die vom Darm aufgenommenen, körperfremden Nahrungsbausteine unschädlich zu machen und in körpereigene umzuwandeln. Jede überflüssige Menge, und alle Giftstoffe, die wir ihnen ersparen, vergrößern den Spielraum, den unsere Abwehrkräfte haben, um uns vor wirklichen Feinden zu schützen, und uns auf dem natürlichen Level ausgezeichneter Gesundheit zu erhalten.

Und schließlich scheint unser Ernährungsverhalten in noch stärkerem Maß von (unbewußten) Einstellungen geprägt zu sein, als andere Verhaltensweisen. Die Redewendungen »Schmeckt wie bei Muttern« und »Die Liebe geht durch den Magen« deuten darauf hin, daß hier frühe Prägungen eine Rolle spielen könnten, die die bewußte Veränderung eines intellektuell als falsch erkannten Ernährungsstils so schwierig machen.

Aufgrund dieser individuellen Ausgangslage jedes Einzelnen kann deshalb auch nur ein individueller Weg zur Idealdiät führen. Das geschärfte Bewußtsein für unsere Nahrung ist deshalb noch wichtiger als die möglichst präzise Einhaltung irgendeiner Regel. Jenseits von Diätetik haben wir die Möglichkeit, durch Lenkung unserer Aufmerksamkeit einen qualitativen Unterschied in unserer Ernährung zu machen. Bei ständig voller Wahrnehmung des Körperzustands und der geistigen

Aktivität könnte man die jeweilig momentan ideale Nahrungsaufnahme und -zubereitung bald erkennen.

Leider würde das ein derart hohes Maß an Aufmerksamkeit und geistiger Präsenz erfordern, daß es schon wieder unwahrscheinlich wird, man könnte diesen Weg zu 100 Prozent beschreiten. Wesentlich sinnvoller ist es, die eigenen Ernährungsgewohnheiten unter die Lupe zu nehmen und sie unter Berücksichtigung heute allgemein anerkannter Ernährungsrichtlinien primär dort zu verändern, wo sie stark von diesen abweichen. Diese Veränderungen müssen einige Kriterien erfüllen: Sie sollten mindestens so gut schmecken wie bisherige Mahlzeiten, sie müssen sowohl finanziell als auch vom Aufwand her machbar sein, und der Körper sollte sie problemlos aufnehmen können.

Beim richtigen Umgang mit der Nahrung wird sich bald ein ganz neues Gespür für Nahrung entwikkeln, die Ihnen guttut. Vielleicht sind Sie nach einer Weile überrascht, zu bemerken, daß Ihr Gewicht sich zu normalisieren beginnt, ohne daß Sie etwas spezielles geändert haben, oder daß Sie zeitweise Appetit auf ein unübliches Nahrungsmittel bekommen. Das kann ein Zeichen dafür sein, daß Sie einen besseren Bezug zu Ihrem inneren Wissen gefunden haben, was Ihr Organismus benötigt, um gesund zu bleiben.

Schritte zur gesunden Eßkultur:

1. *Analyse, ob andere Bedürfnisse als Hunger mit dem Essen befriedigt werden. Hinweis darauf ist, wenn Sie regelmäßig mehr essen, als Ihr Körper verbraucht und über einen längeren Zeitraum zunehmen.*
2. *Zeit für das Essen und die Zubereitung nehmen. Dankbarkeit dafür entwickeln, satt werden zu können. Darauf achten, was Sie wirklich anzieht.*
3. *Beim Essen nur aufs Essen konzentrieren. Bewußte Wahrnehmung und Aufnahme. Jeden Bissen solange kauen, bis er durch weiteres Kauen nicht mehr weicher wird (feste Nahrung mindestens 50 mal).*
4. *Für eine angenehme Stimmung sorgen und unangenehme Themen vermeiden. Denn während des Essens sind Sie besonders offen.*
5. *Beendigung der Mahlzeit beim ersten Gefühl von Sättigung, außer es ist für Sie besonders wichtig, zuzunehmen.*

Bewußtseinstechniken der Selbstheilung

von Hermann Lechleitner

Darunter verstehen wir Aktivitäten von Menschen, die gezielt das Bewußtsein zur Unterstützung und Wiedergewinnung von Gesundheit einsetzen und die in ihrer eigenen Macht stehen, also keine Hilfsperson oder einen Therapeuten voraussetzen.

Die folgenden Techniken kann sich prinzipiell jeder selbst aneignen. Am einfachsten und schnellsten geht es, wenn die Technik im Zustand von Gesundheit erlernt und geübt wird. Wenn schon erkennbare Störungen vorliegen, ist es oft hilfreicher, für den Anfang einen erfahrenen Begleiter zu suchen. Im Zustand offensichtlicher Krankheit ist es dringend anzuraten, einen Arzt um Rat zu fragen. Auch sind die hier genannten Techniken kein Ersatz für die medizinische Behandlung eines Gesundheitsproblems.

Trotzdem können diese Übungen, die Sie eigenverantwortlich praktizieren, auch im Krankheitsfalle mögliche Schwachstellen medizinischer Behandlung kompensieren. Das betrifft die Stärkung des Allgemeinzustandes, die Unterstützung der spezifischen Behandlung, die Vermeidung von Nebenwirkungen und eine bessere Kommunikation mit Ärzten, Therapeuten und Pflegepersonen. Darüber hinaus sind sie besser gegen Hilflosigkeit und Angst als jedes Medikament und eröffnen Wege zu neuen Dimensionen des Menschseins.

Alle hier aufgeführten Techniken haben an Wirkung gemeinsam, daß sie die Streßreaktion vom Typ 2 beenden und den Organismus wieder ins Gleichgewicht, in seine Mitte führen. Sie sorgen für die Erholungs- und Ruhephase, die nach einem Streßreiz charakteristisch ist.

Darüber hinaus hat jede Technik ihr ganz spezifisches Profil, das sich bei jedem Individuum auf manchmal nur schwer vergleichbare Weise auswirkt. Auch die theoretischen Hintergründe variieren entsprechend des kulturellen Hintergrunds beträchtlich, und beziehen teilweise energetische und spirituelle Aspekte mit ein, für die in unserem naturwissenschaftlichen Weltbild keine Nachweismöglichkeit besteht. Die erfahrbare Wirksamkeit ist aber allen Techniken gemeinsam.

Allgemeine Hinweise zu den Übungen

Für alle folgenden Übungen empfiehlt es sich dringend, eine ruhige und angenehme Umgebung zu wählen, ganz besonders am Anfang. Außenreize wie Lärm, zu helles Licht, Telefon, zu hohe oder zu niedrige Raumtemperatur usw. erschweren die Konzentration.

Um die spezifische Wirkung zu erzielen, bedienen sich alle Techniken irgendeiner Form eines geistigen Kunstgriffs, z.B. lenken sie gezielt die Aufmerksamkeit auf einen vorgegebenen Denkinhalt. Damit wird das logische Denken mit seinen ewigen Ketten und Sprüngen zur Ruhe gebracht.

Gemeinsam ist auch eine wohlwollend-passive Grundhaltung, in der aufsteigende, ablenkende Gedanken weder weiterverfolgt, noch gewaltsam unterdrückt werden. Vielmehr wird empfohlen, solche Gedanken einfach loszulassen und zum gewählten Inhalt der Übung zurückzukehren.

Wenn Sie sich dazu entschließen, eine dieser Techniken zu erlernen, ist am hilfreichsten, so etwas wie einen Vertrag mit sich selbst zu schließen. Er sollte beschreiben, was Sie wie lange und wie oft tun wollen, um Ihre Selbstheilungskräfte zu stärken. Setzen Sie sich einen ersten Termin, wann Sie die Wirkungen bewerten und entscheiden werden, ob Sie diese Praxis fortsetzen. Diese »Probezeit« sollte mindestens acht bis zehn Wochen betragen, da die Wirkungen mit wachsender Geläufigkeit der Übung zunehmen.

Bei manchen Übungen kann es zum Phänomen der »Verschlimm-Besserung« kommen, daß Sie also eventuell anfänglich den Eindruck gewinnen, daß die Übung das Gegenteil bewirkt. Bei meditativen Techniken ist diese Erfahrung insofern häufig, als unter den Übungsbedingungen das ununterbrochene Rattern des Verstandes erstmals voll erlebt wird, was leicht so erscheinen kann, als sei es erst durch die Übung hervorgerufen. Sollte ein solches Erleben zu intensiv werden, ist es anzuraten, einen erfahrenen Lehrer zu konsultieren, meistens verschwindet es aber mit fortschreitender Übung von selbst.

Das Vorliegen folgender Krankheiten verbietet das selbständige Erlernen meditativer Übungen oder von Entspannungstechniken ohne ärztliche Kontrolle:

- *drohender oder akuter Herzinfarkt vor weniger als 6 Wochen;*
- *dekompensierte Herzinsuffizienz, Herzfehler oder*
- *andere Erkrankungen, die mit einer verminderten Sauerstoffzufuhr einhergehen wie z.B. chronische Lungenerkrankungen,*
- *endogene Psychosen wie Schizophrenie oder schwere Depressionen.*

Eine weitere Anfangsschwierigkeit kann in übergroßem Ehrgeiz liegen, gleich alles richtig zu machen. Diese Einstellung erhöht den Streßpegel und verhindert das Erleben der entspannenden Wirkung, was wieder den Druck erhöht, es besser zu machen usw.. Wenn dieser Kreislauf eintritt, ist es am hilfreichsten, tief durchzuatmen und sich bewußtzumachen, daß es keine Möglichkeit gibt, diese Übungen willentlich herbeizuzwingen.

Alles, was unser Ego-Verstand machen kann, ist, für die geeigneten Bedingungen zu sorgen und dann sozusagen das Steuer abzugeben an die tieferen Instanzen unseres Wesens, die ganz selbstverständlich und reibungslos für das sorgen, was unser Organismus braucht.

Für viele Menschen unserer Gesellschaft ist das Erleben der Entspannungsreaktion so ungewohnt und unterscheidet sich so sehr von der »normalen« Wahrnehmung, daß Angst vor einem Kontrollverlust und somit wieder Streß entsteht. Auch in diesem Fall ist die Kontrolle durch einen erfahrenen Lehrer oder Arzt dringend zu empfehlen.

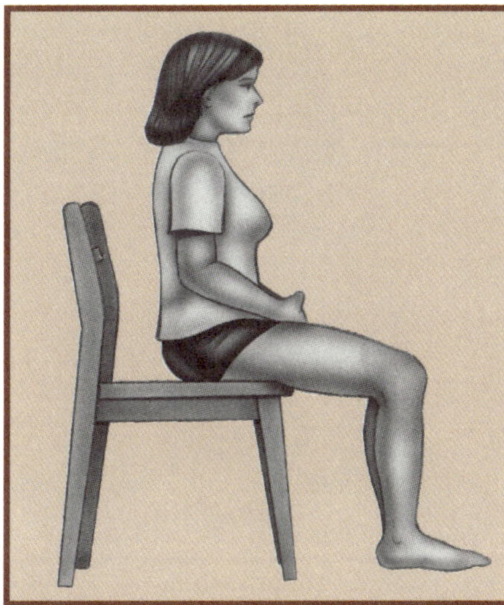

Sitzen auf dem Stuhl

Haltung

Für die meisten Übungen ist es hilfreich, eine entspannte Haltung einzunehmen, in der möglichst wenig Muskelarbeit geleistet werden muß. Das ist beim entspannten, aufrechten Sitzen oder im Liegen der Fall. Da fast alle Techniken den Blutdruck senken, ist für Menschen mit bekannt niedrigem Blutdruck zu empfehlen, daß sie in der ersten Zeit die Übung im Liegen durchführen, oder zumindest den Übergang zu normaler Tätigkeit besonders aufmerksam gestalten, um Schwindelgefühle zu vermeiden.

Beim Sitzen sollte der Rücken ohne Anstrengung sehr aufrecht gehalten werden können, oder entsprechend gestützt werden. Beim *Sitzen auf dem Stuhl* sollten Rücken, Oberschenkel, Unterschenkel und Füße jeweils etwa einen 90 Grad Winkel bilden. Beim *Sitzen auf dem Boden* sollten die Knie den Boden berühren, eventuell muß das Gesäß noch entsprechend unterstützt werden.

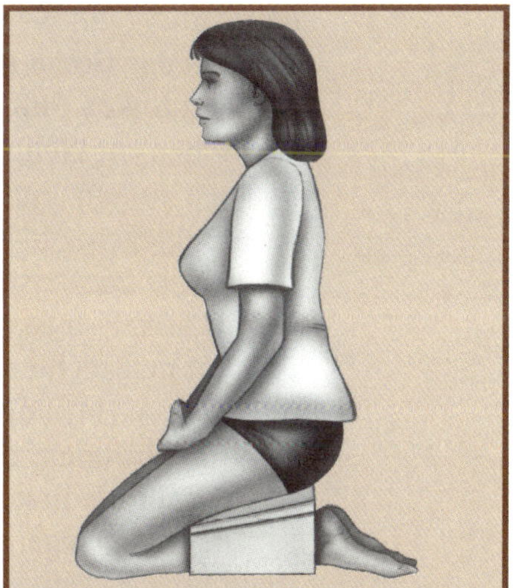

Sitzen auf dem Meditationshocker

Halber Lotussitz

Die vier geläufigsten Sitzhaltungen sind der *Sitz auf dem Meditationshocker.* Legen Sie eine doppelte Decke auf den Boden, knien Sie sich darauf und stellen Sie den Meditationshocker so über Ihre Unterschenkel, daß die Sitzfläche nach vorne geneigt ist. Dann setzen Sie sich auf den Hocker, die Knie leicht gespreizt.

Beim *Fersensitz* oder *Diamantsitz* knien Sie sich auf eine doppelte Decke. Sie legen die Zehen übereinander und setzen sich direkt auf Ihre Unterschenkel. Wenn das unangenehm ist, können Sie auch eine Decke oder ein weiches Kissen dazwischenlegen. Bei Vorliegen von Krampfadern darf diese Sitzhaltung nicht eingenommen werden.

Beim *halben Lotussitz* setzen Sie sich auf ein Sitzkissen, für den Anfang ca. 8 – 10 cm hoch, ziehen den rechten Fuß ganz nahe an das Gesäß heran (aber ohne darauf zu sitzen), und legen den linken Fuß mit der Sohle nach oben auf den rechten Oberschenkel. Wenn das für den Beginn zu schwer ist, können Sie den linken Fuß auch vor oder auf den rechten Unterschenkel legen.

Beim *Lotussitz* setzen Sie sich auf ein Sitzkissen und legen den rechten Fuß auf den linken Oberschenkel, dann den linken Fuß auf den rechten Oberschenkel, jeweils die Fußsohle nach oben. Diese Haltung ist für Europäer meist erst nach langem Training möglich, bietet aber die mit Abstand beste Voraussetzung für Meditation.

Die Hände legen Sie locker in den Schoß, oder nehmen die traditionelle Meditationhaltung ein, indem Sie die rechte Hand offen in den Schoß legen und die linke hinein, sodaß sich die Daumenspitzen berühren.

Beginnen Sie mit der Sitzhaltung, die Ihnen angemessen ist, und gehen Sie erst zur nächstschwierigeren über, wenn sie willens sind, sich mit etwas Schmerz zu konfrontieren. Es ist ebenso wichtig, ablenkenden Schmerz zu reduzieren, wie zu erfahren, daß auch mäßiger Schmerz durchaus am Rande wahrgenommen werden kann, ohne die Konzentration zu stören. Wenn das gelingt, verschwindet üblicherweise nach einiger Zeit der Schmerz vollständig. Zwingen Sie sich nie mit Gewalt!

Beim *Liegen* ist eine offene Haltung hilfreich, also Rückenlage, Arme locker neben dem Körper, Beine leicht gegrätscht. Wählen Sie möglichst eine feste Unterlage (Boden mit Decke, Liegematte), und legen Sie nötigenfalls ein kleines Kissen unter Knie oder Kopf.

Autogenes Training

Diese Methode wurde im ersten Viertel dieses Jahrhunderts von J. H. Schultz entwickelt und ist mit Abstand die wissenschaftlich bestuntersuchte unter allen hier genannten Methoden. Sie wird überwiegend auf ärztliche Verschreibung hin zur unterstützenden Behandlung psychosomatischer Störung eingesetzt und im allgemeinen in Kursen vermittelt. Es ist das heute weitestverbreitete autosuggestive Verfahren.

In diesem Buch beschränken wir uns auf die »Unterstufe« des Autogenen Trainings, das durch formelhafte Vorsatzbildung einen tiefen Entspannungszustand herbeiführt und das Gleichgewicht der Selbstregulation fördert. Diese älteste der modernen Techniken beruht auf zwei Grundsätzen, die heute selbstverständlich sind, damals jedoch aufs schärfste angegriffen wurden:

Das Vorstellen eines Wortes wie »Schwere« führt zum Entwickeln des gleichnamigen Gefühls, und in der Folge zur körperlichen Realität, also dem Zustand der *Muskelentspannung*. Auf der Basis der Identität und gegenseitigen Durchwobenheit von Körper, Geist und Seele entsteht die entsprechende *seelisch-*

Muskelentspannung:

Beginn:

1. *Ich bin ganz ruhig (3 x).*
2. *Geräusche und Gedanken sind ganz gleichgültig (3 x).*
3. *Der rechte Arm ist schwer, der linke Arm ist schwer, beide Arme sind ganz schwer (je 5 x).*

Nach einer Woche:

4. *Die Beine sind ganz schwer, Arme und Beine sind ganz schwer, der ganze Körper ist schwer (je 3 x).*

Ausleitung:

5. *Ich bin ganz ruhig und frisch (am Tag), die Ruhe und Frische bleibt.*
6. *Die Arme sind jetzt kräftig (ruckartiges, energisches Strecken der Arme und Ballen der Fäuste).*
7. *Tief atmen (mehrfaches forciertes tiefes Ein- und Ausatmen).*
8. *Augen auf (die Augen werden geöffnet).*

geistige Entspannung. Der entscheidende geistige Kunstgriff ist dabei die Somatisierung des Bewußtseinsfeldes, also die Einengung der Aufmerksamkeit auf das körperliche Innenerleben.

Die konzentrative Entspannung wird am Anfang üblicherweise in sechs Bereichen erarbeitet, deren Formelwerk in der Folge vorgestellt wird. Bitte beachten Sie, daß die Formeln stets nur vorgestellt, niemals gesprochen werden, auch nicht leise. Dazu müssen Sie auswendig gelernt werden.

Bei der *Muskelentspannung* legt sich der Übende mit geschlossenen Augen entspannt hin, atmet ein paarmal tief durch, und stellt sich die angegebenen Formeln vor. Nach etwa einer Woche werden Beine und der ganze Körper mit einbezogen. Um die Vertiefung zu erleichtern, können die ersten beiden Formeln beliebig oft dazwischen eingeschoben werden. Beim Zurücknehmen, das dem Wiederherstellen der normalen Kör-

Gefäßentspannung:

Beginn:

1. *Ich bin ganz ruhig (3 x).*
2. *Geräusche und Gedanken sind ganz gleichgültig (3 x).*
3. *Der rechte Arm ist schwer, der linke Arm ist schwer, beide Arme sind ganz schwer (je 5 x).*
4. *Die Beine sind ganz schwer, Arme und Beine sind ganz schwer, der ganze Körper ist schwer (je 3 x).*
5. *Der rechte Arm ist ganz warm, der linke Arm ist warm, beide Arme sind strömend warm (3 x).*

Nach einigen Tagen:

6. *Die Beine sind warm, Arme und Beine sind strömend warm, der ganze Körper ist strömend warm (je 3 x).*
7. *Der Kopf ist leicht und frei (3 x).*

Ausleitung:

8. *Ich bin ganz ruhig und frisch (am Tag), die Ruhe und Frische bleibt.*
9. *Die Arme sind jetzt kräftig (ruckartiges, energisches Strecken der Arme und Ballen der Fäuste).*
10. *Tief atmen (mehrfaches forciertes tiefes Ein- und Ausatmen).*
11. *Augen auf (die Augen werden geöffnet).*

perfunktion dient, gilt es dann auch die körperlichen Anordnungen zu befolgen.

Diese Übung sollte insgesamt etwa zwei Wochen lang 2 – 3 x pro Tag ausgeführt werden, zu Beginn 1-2 Minuten lang, und wird dann ausgedehnt. Wenn es angenehm ist, darf die Ausklingphase bis maximal 5 Minuten gesteigert werden.

Die *Gefäßentspannung* führt zum Wärmegefühl, das der subjektiven Wahrnehmung der Gefäßerweiterung entspricht. Auch hier können die ersten zwei Punkte zur besseren Vertiefung beliebig oft dazwischen geschoben werden. Mit der Zeit

Herzübung:

1. *Ich bin ganz ruhig (3 x).*
2. *Geräusche und Gedanken sind ganz gleichgültig (3 x).*
3. *Der rechte Arm ist schwer, der linke Arm ist schwer, beide Arme sind ganz schwer (je 5 x).*
4. *Die Beine sind ganz schwer, Arme und Beine sind ganz schwer, der ganze Körper ist schwer (je 3 x).*
5. *Arme und Beine sind strömend warm (je 3 x).*
6. *Der Kopf ist leicht und frei.*
7. *Das Herz schlägt ruhig und regelmäßig (maximal 5 x).*

Ausleitung:

8. *Ich bin ganz ruhig und frisch (am Tag), die Ruhe und Frische bleibt.*
9. *Die Arme sind jetzt kräftig (ruckartiges, energisches Strecken der Arme und Ballen der Fäuste).*
10. *Tief atmen (mehrfaches forciertes tiefes Ein- und Ausatmen).*
11. *Augen auf (die Augen werden geöffnet).*

wird die Wahrnehmung von Schwere und Wärme deutlicher und breitet sich auch auf den Rumpf aus. Das Übungsausmaß bleibt mit ca. zehn Minuten begrenzt.

Bei der *Herzübung* ist mehrfach in der Literatur darauf hingewiesen worden, daß sie zu Kollapsneigung und hypochondrischen Herzbeschwerden Anlaß geben könnte. Das ist zwar bei Gesunden sehr unwahrscheinlich, aber bei bekannten Blutdruckproblemen oder Herzbeschwerden sollten Sie unbedingt Ihren Arzt fragen.

Die Aufmerksamkeit konzentriert sich bei der hinzugekommenen Formel etwa in der Mitte der Brust, hier werden unter Wiederholung der Formeln die dazugehörigen Eigenschaften verspürt (ruhig – schwer – warm). Für den Anfang kann die Wahrnehmung durch zarte Berührung der Herzgegend mit einer Hand unterstützt werden. Die Übungsdauer sollte zwölf Minuten nicht überschreiten.

Beim *Atemausgleich* wird der ruhige Atem beobachtet. Ziel ist das Wahrnehmen der eigenen unbewußten Atmung. Dies ist jedoch erst einmal ein Widerspruch in sich, da jede Hinwendung auf den Atem das unbewußte Muster verändert. Erst wenn der Geist schon gut entspannt ist, kann diese Übung gelingen. Es ist ein schwer beschreibbares Gefühl. Sie werden es daran merken, daß die Formel »es atmet mich« ganz selbstverständlich erscheint.

Diese Übung hat die Tendenz, anfänglich zu Spannung zu führen, wenn man sie besonders gut machen will. Geben Sie sich dem Fluß ihres Atems einfach hin. Die Übungszeit beträgt etwa 15 Minuten.

Atemausgleich:

1. *Ich bin ganz ruhig (3 x).*
2. *Geräusche und Gedanken sind ganz gleichgültig (3 x).*
3. *Der rechte Arm ist schwer, der linke Arm ist schwer, beide Arme sind ganz schwer (je 5 x).*
4. *Die Beine sind ganz schwer, Arme und Beine sind ganz schwer, der ganze Körper ist schwer (je 3 x).*
5. *Arme und Beine sind strömend warm (je 3 x).*
6. *Der Kopf ist leicht und frei.*
7. *Das Herz schlägt ruhig und regelmäßig (maximal 5 x).*
8. **Atmung vollkommen ruhig (5 x), es atmet mich (3 x)**

Ausleitung:

9. *Ich bin ganz ruhig und frisch (am Tag), die Ruhe und Frische bleibt.*
10. *Die Arme sind jetzt kräftig (ruckartiges, energisches Strecken der Arme und Ballen der Fäuste).*
11. *Tief atmen (mehrfaches forciertes tiefes Ein- und Ausatmen).*
12. *Augen auf (die Augen werden geöffnet).*

Bauchentspannung:

1. *Ich bin ganz ruhig (3 x).*
2. *Geräusche und Gedanken sind ganz gleichgültig (3 x).*
3. *Der rechte Arm ist schwer, der linke Arm ist schwer, beide Arme sind ganz schwer (je 5 x).*
4. *Die Beine sind ganz schwer, Arme und Beine sind ganz schwer, der ganze Körper ist schwer (je 3 x).*
5. *Arme und Beine sind strömend warm (je 3 x).*
6. *Der Kopf ist leicht und frei.*
7. *Das Herz schlägt ruhig und regelmäßig (maximal 5 x).*
8. *Atmung vollkommen ruhig (5 x), eventuell es atmet mich (3 x).*
9. *Sonnengeflecht strömend warm.*

Ausleitung:

10. *Ich bin ganz ruhig und frisch (am Tag), die Ruhe und Frische bleibt.*
11. *Die Arme sind jetzt kräftig (ruckartiges, energisches Strecken der Arme und Ballen der Fäuste).*
12. *Tief atmen (mehrfaches forciertes tiefes Ein- und Ausatmen).*
13. *Augen auf (die Augen werden geöffnet).*

Streßgeschehen beeinträchtigt die Funktion aller Bauchorgane ganz erheblich. Die *Bauchentspannung* aktiviert die Darmmotorik und die Durchblutung aller Bauchorgane. Bei dieser Formel lenken Sie Ihre Aufmerksamkeit auf den Bereich, den Ihre Hand bedeckt, wenn Sie den Daumen an das untere Ende des Brustbeins legen und sich vorstellen, daß Ihr warmer Atem beim Ausatmen in den Bauch strömt. Die Übungsdauer beträgt etwa 18 Minuten.

Schon in der Wärmeübung haben Sie den Kopf von der Wärme des übrigen Körpers ausgenommen. Nun gehen Sie noch einen Schritt weiter und lassen in der *Kopfentspannung* die Stirne kühl werden wie durch ein feuchtes Seidentuch.

Die neue Formel sollte zunächst nur wenige Sekunden vorgestellt werden, dann ein paarmal, bis man die Kühle zu empfinden beginnt, die sofort wieder losgelassen wird. Testen Sie für sich selbst, wieviel davon für Sie stärkend ist. Die kräftige Umverteilung kann bei extremem Üben bis zu Ohnmacht führen, besonders im Sitzen. Übungsdauer etwa 18 Minuten.

Um das wohltuende Eintreten der Entspannungsreaktion immer selbstverständlicher, vollständiger und schneller erleben zu können, ist es ratsam, in der Probezeit 2–3 mal pro Tag zu üben. Wenn das Autogene Training erst einmal erlernt ist, wird es nie wieder ganz vergessen. Nach längeren Pausen kann allerdings ein präzises Überprüfen der Formeln sinnvoll sein.

Kopfentspannung:

1. *Ich bin ganz ruhig (3 x).*
2. *Geräusche und Gedanken sind ganz gleichgültig (3 x).*
3. *Der rechte Arm ist schwer, der linke Arm ist schwer, beide Arme sind ganz schwer (je 5 x).*
4. *Die Beine sind ganz schwer, Arme und Beine sind ganz schwer, der ganze Körper ist schwer (je 3 x).*
5. *Arme und Beine sind strömend warm (je 3 x).*
6. *Der Kopf ist leicht und frei.*
7. *Das Herz schlägt ruhig und regelmäßig (maximal 5 x).*
8. *Atmung vollkommen ruhig (5 x), es atmet mich (3 x).*
9. *Sonnengeflecht strömend warm.*
10. **Stirne angenehm kühl** *(langsame Steigerung).*

Ausleitung:

11. *Ich bin ganz ruhig und frisch (am Tag), die Ruhe und Frische bleibt.*
12. *Die Arme sind jetzt kräftig (ruckartiges, energisches Strecken der Arme und Ballen der Fäuste).*
13. *Tief atmen (mehrfaches forciertes tiefes Ein - und Ausatmen).*
14. *Augen auf (die Augen werden geöffnet).*

Mit diesen sechs Übungen ist die Einführung in das Autogene Training abgeschlossen. Das Autogene Training umfaßt jedoch selbstverständlich viel mehr Möglichkeiten, als diese Ausführungen vermitteln können. Wenn Ihre ersten Erfahrungen ein tieferes Interesse wecken, haben Sie die Möglichkeit, durch Nachlesen in einem der zahlreichen und guten Bücher zu diesem Thema, Ihre individuelle Formelsammlung erstellen zu können.

Progressive Muskelentspannung

Etwa zur gleichen Zeit, als Schultz das Autogene Training entwickelte, fand Edmund Jacobson an der Harvard University heraus, daß bestimmte Angstzustände durch starke Muskelanspannung vermindert werden konnten. Er erprobte verschiedene Möglichkeiten, diesen Effekt zu nutzen. Seine 1934 und 1938 veröffentlichten Untersuchungen und Arbeitsweisen, die langes systematisches Training erforderten, wurden in der Folge sehr vereinfacht.

Geblieben ist eine Übungsreihe für die konsequente Anspannung und Entspannung von 16 Muskelgruppen, die eine tiefgreifende Entspannungsreaktion auslöst. Die progressive Entspannung ist leicht und schnell zu erlernen, und ist besonders für Menschen geeignet, die wenig Bezug zum eigenen Körper haben und ihn wenig bewegen.

Schon nach kurzer Übung beginnt die Entspannungsreaktion weit über den zentrierten Bereich hinaus spürbar zu werden. Sie ist sehr gut einsetzbar bei allgemeiner Angst, Muskelverspannungen und Schlafstörungen, aber auch als vorbereitende Übung vor anderen Techniken, z. B. Visualisierungen.

Wenn Ihr Körper die Abläufe der progressiven Entspannung durch ausreichende Übung schon verinnerlicht hat, ist es auch möglich, die Entspannungsreaktion nur durch Vorstellen der Muskelanspannung und des Loslassens hervorzurufen, was uns aus der Funktion unseres Bewußtseins schon geläufig ist. In dieser verinnerlichten Form ist die Progressive Entspannung den Visualisierungstechniken zuzuordnen.

Wegen der intensiven Muskelanspannung darf die Progressive Entspannung bei folgenden Krankheiten nur nach Rücksprache mit Ihrem Arzt eingesetzt werden: Bluthochdruck, Herz-Kreislauferkrankungen, Entzündungen der Muskeln und Gelenke, Wirbelsäulenschäden und starke Osteoporose.

Progressive Muskelentspannung:

1. *In bequemer Lage einige Male tief durchatmen, Augen schließen und versuchen, sich ausschließlich auf die Übung zu konzentrieren*
2. *Die ganze Aufmerksamkeit auf den rechten Unterarm und die rechte Hand lenken. Darauf achten, was von diesem Teil des Körpers wahrgenommen werden kann, ohne ihn zu bewegen*
3. *Alle Muskeln dieses Bereichs fest anspannen, weiter atmen, die Spannung für 5 bis 7 Sekunden aufrecht halten (bei den Beinen nur etwa 3 Sekunden)*
4. *Entspannen dieses Bereiches plötzlich und vollständig. Mit der Aufmerksamkeit voll dort bleiben und auf die Wahrnehmung achten*
5. *Die Punkte 2 bis 4 werden mit jeder Muskelgruppe durchgeführt in der Reihenfolge:*
   - *rechter Oberarm – rechte Hand und Unterarm – linker Oberarm – linke Hand und Unterarm*
   - *Stirn – Augen – Nase – Wangen – Mund – Zunge – Kiefer*
   - *Hals – Nacken*
   - *Brustkorb – Schultergürtel*
   - *Bauch – Lendenbereich*
   - *rechter Oberschenkel und Gesäß – rechte Wade – rechter Fuß*
   - *linker Oberschenkel und Gesäß – linke Wade – linker Fuß*
6. *Mit jedem Bereich noch deutlicher spüren, wie sich wohlige Entspannung in Ihrem ganzen Körper ausbreitet und diesen Zustand genießen*
7. *Abschluß der Übung durch ausgiebiges Räkeln nach allen Richtungen und tiefes Durchatmen*

Meditation

Im weitesten Sinn versteht man unter Meditation jede Versenkungstechnik, die benutzt wird, um andere Bewußtseinsebenen als unser Tagesbewußtsein zu erfahren. Alle großen Kulturen stimmen darin überein, daß unser »normales« Tagesbewußtsein nur so etwas wie ein Schleier ist, der über einer weit größeren Realität liegt. In Meditation können wir diese Dimension erfahren und in uns selbst erleben – die Einheit unseres Selbst mit dem ganzen Universum.

Dieses Erleben macht das eigentliche Wesen von Meditation aus, alles rational Beschreibbare bleibt Technik. Im folgenden werden einige Meditationstechniken beschrieben, die keine rationalen Zielvorgaben machen, sondern sich auf die Fesselung der Aufmerksamkeit durch einen Einzelaspekt beschränken. Meditationen dieser Art wurden von praktisch allen Kulturen unseres Planeten entwickelt.

Alle Meditationstechniken sehen als ersten Schritt die Ruhigstellung des normalerweise ständig aktiven Verstandes. Diese Wirkung ist für den Organismus als Ganzes bereits eine Wohltat im Sinne einer Entspannungsreaktion, auch wenn das eigentliche Ziel der Selbst- und Welterkenntnis noch ferne ist.

Mit dem Beginn einer meditativen Praxis wird darüber hinaus auch ein Signal für unser Selbst mit seinem Unterbewußten gesetzt, daß wir seine Dimension wahrnehmen und uns ihr nähern wollen. Damit schließen wir einen Pakt mit genau den Regelmechanismen in uns, die als Selbstheilungskräfte für die Bewahrung und Wiedergewinnung unserer Gesundheit sorgen.

Durch die Konzentration auf tiefere Bewußtseinsschichten und das Nachlassen

Beispiele für unterschiedliche Meditationsobjekte:

- *Mantras (Sanskrit-Silben) bei den Hindus;*
- *Mandalas (symbolische Ornamente) bei den Hindus;*
- *Eigener Bewußtseinsinhalt im Za-Zen des Buddhismus;*
- *Bibelstellen des Christentums;*
- *Tänze um das Feuer bei Naturvölkern;*
- *Drehtanz der Derwische im Islam.*

des »Affengeschnatters« unseres Verstandes schaffen wir auch Raum, in dem unbewußte und verdrängte Inhalte sich zeigen und auch verarbeitet werden können. Unerläßlich dafür ist die schon genannte annehmend-passive Grundhaltung, mit der ablenkenden Denkinhalten begegnet wird.

Bei diesen ablenkenden Denkinhalten handelt es sich vordergründig um Störungen in der Konzentration. Auf einer tieferen Ebene zeigt sich das undisziplinierte Verhalten unseres Verstandes, den wir noch nicht zu lenken vermögen. Und auf tiefster Ebene ist es eine Art Recycling alter verdrängter Bewußtseinsinhalte. Diese werden im Unterschied zu psychotherapeutischen Vorgehensweisen einfach losgelassen und dem freien Bewußtsein zur klärenden Bearbeitung übergeben, während die meditative Konzentration beim gewählten Inhalt bleibt.

Meditation stärkt auf diese Weise nicht nur unsere körperlichen, sondern auch unsere geistigen Selbstheilungskräfte. In dieser inneren Heilung wurzeln die Veränderungen, die langfristig Meditierende sehr häufig erleben, und die sich in Selbstakzeptanz, Gelassenheit, Offenheit und Humor äußern.

Za - Zen

Diese Meditation des Zen-Buddhismus besticht durch ihre vordergründige Einfachheit, besonders in der reifen Form des Shikantaza (nur-treffen-sitzen). Das richtige bewegungslose Sitzen erfordert die ganze Aufmerksamkeit. Da keinerlei geistige Inhalte als Krücken dienen, wird die Aufmerksamkeit besonders leicht abgelenkt; so ist allerhöchste Konzentration und gespannte Wachheit nötig, das kleinste Nachlassen führt schon zu Denkinhalten.

Sie wird immer im vollen Lotussitz durchgeführt, und ist deshalb nichts für Anfänger. In der verträglicheren Form für den Einstieg wird die Aufmerksamkeit auf den eigenen Atem gelenkt, ohne etwas daran zu verändern. Sie können Ihre Wahrnehmung noch vertiefen, wenn Sie die Atmung im Hara beobachten. Östliche Traditionen sehen in diesem Bereich, etwa vier Querfinger unter dem Nabel, von der Bauchdecke bis zum

Za-Zen:

1. *Nehmen Sie die Sitzhaltung ein, die Ihnen gemäß ist. Stellen Sie sich vor, daß ein Band Ihren Scheitel mit dem Himmel verbindet, und ein anderes Ihr Steißbein mit dem Erdmittelpunkt, und daß diese Bänder Ihren Rücken strecken. Die Augen lassen Sie entspannt halb geöffnet auf einem Punkt etwa 1 Meter vor sich auf dem Boden zur Ruhe kommen.*
2. *Sie lenken Ihre Aufmerksamkeit auf den Atem und zählen jede Ausatmung, aber nur bis 10, dann beginnen Sie wieder von 1. Für den Anfang tun Sie das 10 Minuten lang und steigern mit der Zeit bis auf 20 Minuten.*
3. *Wenn Sie bemerken, daß andere Gedanken in Ihr Bewußtsein treten, nehmen Sie sie wahr, lassen sie sofort wieder los und wenden sich Ihrer Atmung zu.*
4. *Beenden Sie die Übung damit, daß sie 3 mal tief durchatmen, machen Sie sich bewußt, daß Sie gleich erfrischt und gestärkt die Augen öffnen werden, und tun Sie es auch in der Realität. Strecken und dehnen Sie Ihren ganzen Körper nach Herzenslust, und stehen Sie erst dann langsam und bewußt auf.*

Kreuzbein, das Zentrum der menschlichen Lebenskraft und den geistigen Schwerpunkt des Menschen.

Die Einfachheit der Übungsbeschreibung täuscht. Wenn Sie aufmerksam genug sind, werden Sie zwar schon bei leisen anderen Gedanken sich fest an das Zählen klammern, aber Sie werden staunen, wie oft Sie sich bei höheren Zahlen als 10 wiederfinden! Genau dann ist die wohlwollend-annehmende Grundhaltung gefragt. Ärgern Sie sich nicht, stöhnen Sie nicht, einfach wieder: Einatmen – Ausatmen 1 – Einatmen – Ausatmen 2 - ...... Ihr Vertrag mit sich selbst besteht nur darin, diese ganz normalen Atemzüge während der vereinbarten Zeit von 1 bis 10 zu zählen, sonst nichts.

Mantra-Meditation

Diese Meditationstechnik geht auf sehr alte indische Traditionen zurück, die bedeutungsvolle und Bedeutung tragende Silben aus dem Sanskrit als Unterstützung für die Versenkung verwenden. Ähnlich wie in der christlichen Ikonenverehrung das Bild, ist dabei das Wort in magischer Identität bereits der Inhalt, die ganz besondere Seinsschwingung und Realität, die es auf einfachsprachlicher Ebene auch benennt.

Die »heilige« Silbe OM etwa hat in diesem Sinn die Bedeutung von Universum, alles was ist. Beim Sprechen oder inneren Vorstellen dieser Silbe wurde das Einssein mit dem Universum im Meditierenden unmittelbar ausgelöst, und blieb über Jahrtausende die zentrale hinduistische Meditationsform.

Im Westen wurde die Mantra - Meditation durch die Transzendentale Meditation des Maharishi Mahesh Yogi bekannt und fand rasche Verbreitung. Gegen eine Gebühr wird der Interessent durch einen Lehrer mit der Methode und dem gedanklichen Hintergrund vertraut gemacht, und erhält sein persönliches, geheimes Mantra.

Die umfassenden Wirkungen dieser Meditationform wurde in einer Fülle von wissenschaftlichen Untersuchungen dokumentiert wie keine andere Methode. Sie gehen weit über die nachgewiesene Entstressung hinaus und weisen eindrucksvoll darauf hin, wie diese individuelle Entscheidung zu innerer Ruhe und Klärung weit über persönliche Selbstheilung und Selbstentfaltung hinauswirkt, in den Bereich sozialen, gesellschaftlichen und globalen Heilwerdens.

Die Transzendentale Meditation ist jedoch nur eine, besonders bekannte, Art der Mantrameditation. Eine sehr einfache, hilfreiche und gut zu erlernende Form verwendet die drei Sanskrit-Silben *OM, AH, HUM*, deren wohltuende Wirkung auf unsere Hirnaktivität sich auch in modernen elektro-enzephalographischen Untersuchungen erwiesen hat. Ihre Vorstellung des Mantra kann optisch sein wie ein geschriebenes Wort, das Sie vor ihrem Inneren Auge sehen, oder akustisch, als würden Sie es sich innerlich vorsagen, möglicherweise können Sie seine Schwingungen auch spüren.

Mantra-Meditation:

1. *Nehmen Sie die Sitzhaltung ein, die Ihnen gemäß ist. Stellen Sie sich vor, daß ein Band Ihren Scheitel mit dem Himmel verbindet, und ein anderes Ihr Steißbein mit dem Erdmittelpunkt, und daß diese Bänder Ihren Rücken strecken.*
2. *Schließen Sie die Augen, lenken Sie Ihre Aufmerksamkeit auf Ihren Atem, und lassen ihn dennoch einfach geschehen. Dabei nehmen sie Einatmung, Ausatmung und die kleine Pause dazwischen aufmerksam wahr.*
3. *Nun fangen Sie an, sich bei jeder Einatmung die Silbe OM vorzustellen, bei der Ausatmung die Silbe AH, in der kleinen Atempause zwischen Ein- und Ausatmung die Silbe HUM. Lassen Sie das Mantra ebenso wie den Atem ganz selbstverständlich geschehen, wie es eben kommt und geht. Bleiben Sie 20 Minuten dabei.*
4. *Wenn Sie bemerken, daß andere Gedanken in Ihr Bewußtsein treten, nehmen Sie sie wahr, lassen sie sofort wieder los und wenden sich Ihrer Mantraatmung zu. Nehmen Sie die feinen Veränderungen wahr, die Atem und Mantra ständig durchlaufen, und lassen sie sie geschehen.*
5. *Beenden Sie die Übung damit, daß sie 3 mal tief durchatmen; machen Sie sich bewußt, daß Sie gleich erfrischt und gestärkt die Augen öffnen werden, und tun Sie es auch in der Realität. Strecken und dehnen Sie Ihren ganzen Körper nach Herzenslust, und stehen Sie erst dann langsam und bewußt auf.*

Visualisierungen

Darunter versteht man die bewußte Vorstellung, wie man erwünschte Inhalte erreicht, und versucht dadurch, die dorthin führenden unbewußten Mechanismen zu aktivieren. Entsprechende Übungskonzepte werden in immer zahlreicheren Variationen angeboten.

Ein Großteil der Streßbelastung resultiert ja aus dem mehr oder weniger freiwilligen Erinnern unangenehmer Erfahrungen und Vorstellungen. Speziell im Zustand körperlichen oder seelischen Leidens bleibt unsere Aufmerksamkeit häufig an den unangenehmen Symptomen »kleben«, die wir nicht haben wollen. Nun ist es zwar sprachlich möglich, den Inhalt eines Satzes zu verneinen, doch versagt diese rationale Beseitigung, wenn wir tiefere Ebenen betrachten.

Denken Sie doch jetzt für einen Augenblick nicht an ein grünes Pferd! Natürlich haben Sie bisher niemals an ein grünes Pferd gedacht, doch was passiert, wenn das Verbot ausgesprochen ist? Fast sicher hat sich diese Ausgeburt in Ihrer Vorstellung jetzt erst einmal aufgedrängt, und nun muß sie auf irgendeine Weise auch wieder zum Verschwinden gebracht werden.

Das hängt mit der grundlegenden Funktionsweise unseres Unbewußten zusammen, das ausschließlich mit Bildern arbeitet. Bestes Beispiel ist ein Traum, wo das Unbewußte mit dem Bewußtsein in Verbindung tritt. Auch bewußt denken wir überwiegend in Bildern, doch gibt es hier einige Ausnahmen - wie eben die Verneinung.

Die Selbstheilungskräfte sind aber nicht bewußt steuerbar. Deshalb hilft es nicht, Kopfschmerzen einfach nicht haben zu wollen. Wann immer Sie daran denken, bekommt Ihr Unbewußtes den Impuls »Kopfschmerzen« und nimmt das erst recht als Auftrag. Visualisierungen setzen genau an diesem Punkt an. In entspannter Haltung stellt man sich bildlich vor, wie man genau das erreicht und genießt, was man möchte. Dabei stellt sich häufig heraus, daß Menschen gar nicht wissen, was

Inhalte von Visualisierungen zur Selbstheilung:

1. *Eine klare Zielvorstellung. Ein Ziel ist immer ein positiver innerer Zustand, wie Sie kerngesund sind und das Leben genießen.*
2. *Eine nur bildliche Vorstellung von der Störung. Lassen Sie die übrigen Sinne aus dem Spiel, aber schauen Sie hin, was da nicht in Ordnung ist.*
3. *Eine bildliche Vorstellung des symbolischen Wesens, das die Heilung vermittelt, z. B. eines »Helfers«. Es ist hilfreich, wenn Sie wohltuende Emotionen wie Dankbarkeit, Freundschaft oder Begeisterung für Ihre Helfer entwickeln.*
4. *Eine einseitige Interaktion zwischen Helfer und Störung. Betrachten Sie einen inneren Film, wie die Helfer die Störung gerne, leicht und vollständig beseitigen, ohne Gegenwehr und Kampf.*
5. *Das Ergebnis der Interaktion ist das Erreichen der definierten Zielvorstellung.*

eigentlich ihr Ziel ist, weil sie so daran gewöhnt sind, nur dorthin zu schauen, was sie nicht möchten!

Dies gilt im Prinzip für alle Bereiche unseres Lebens, auch und speziell zur Wiedergewinnung von Gesundheit. Schon dieser Bereich ist unglaublich groß, wenn wir die WHO-Gesundheitsdefinition ernst nehmen. Das Ziel auf diesem Gebiet heißt immer Gesundheit. Die meisten Menschen haben zu ihrer Gesundheit nur ein negatives Verhältnis, das heißt Gesundheit wird nicht oder kaum bemerkt, solange sie da ist, und erst recht nicht genossen. Dadurch fehlt den meisten die sinnliche Erfahrung und damit auch eine klare Vorstellung, was Gesundheit für den Einzelnen subjektiv bedeutet.

Tritt nun ein Symptom auf, das unser Wohlbefinden stört, oder gar eine Krankheit, die das Leben bedroht, so füllt diese Störung das Bewußtsein meist vollständig aus. Das einzige Bestreben ist, sie wieder loszuwerden wie z.B. die Kopfschmerzen. Wenn Sie mit einer Visualisierung Ihre Selbstheilungskräfte unterstützen wollen, damit Ihr Kopf bald wieder in

Ordnung kommt, beginnen Sie damit, daß Sie sich daran erinnern, wie Sie sich zu irgendeiner Zeit Ihres Lebens im Kopf ganz leicht und frei gefühlt haben, und definieren so Ihren gewünschten Zielzustand.

Lassen Sie die Empfindungen, die Sie bei der Vorstellung Ihres Zielzustandes empfinden, so intensiv wie möglich werden. Je mehr Sinnesqualitäten Ihnen bewußt werden, desto besser. Dann lassen Sie Ihre Phantasie eine symbolische Darstellung der Störung finden, die Sie sich bildlich vorstellen können, bei Kopfschmerzen z.B. wie die Blutgefäße des Gehirns verkrampft und verengt sind, als ob etwas einen Schlauch zusammendrückt.

Nun lassen Sie auch ein lebendiges Symbol für Ihre Selbstheilungskräfte entstehen, am besten ein hochentwickeltes Lebewesen wie z.B. Mensch, Ritter, Zwerg, kraftvolles Tier oder Engel. Sehen Sie ganz entspannt zu, wie dieses Symbolwesen die Störung auf seine Art beseitigt, z.B. die Engstellen im Kopf von innen wieder aufdehnt, oder den Außendruck beseitigt. Sehen Sie, wie daraufhin die Blutgefäße wieder weit und weich werden und das Blut frei fließt. Erleben Sie in der Vorstellung Ihren gewünschten Zielzustand. Bei schweren Störungen kann es etwas dauern oder Unterstützung erfordern, bis man dorthin kommt. Verbringen Sie auf jeden Fall mehr Zeit mit der Heilung, als mit der Störung!

Zentrales Merkmal von Visualisierungsübungen ist, daß man der eigenen Phantasie eine bewußte Vorgabe macht, die möglichst offen formuliert ist. Dieses dürre Gerüst wird durch die individuelle Phantasie mit bewußten und unbewußten Aspekten zum vollständigen Bild aufgefüllt. Die Mischung von bewußten und unbewußten Inhalten kann leicht bildlich z.B. in Skizzen festgehalten

Visualisierung bei Krebserkrankung nach Simoton:

Die kraftvollen »Helfer« als Symbole der weißen Blutkörperchen und des ganzen Immunsystems stöbern die »dummen« Krebszellen auf, vernichten sie und schaffen sie aus dem Körper, bis auch die letzte verschwunden ist. Chemotherapie und Bestrahlung schädigen ausschließlich die Krebszellen und lassen die gesunden Zellen heil. Die eigene Person ist am Schluß kerngesund und voll Freude am Leben.

werden und ist dann einer weiteren Bearbeitung zugänglich. Auch für kompetente Unterstützung, die zumindest in unserer Kultur häufig nötig ist. Andere Kulturen, wie nordamerikanische Indianer oder pazifische Inselkulturen, haben komplexe Systeme zur Eigenarbeit mit inneren Bildern entwickelt.

Prinzipiell ist jede Störung der Körperfunktionen über Visualisierung beeinflußbar. Für den Laien gelingt es zunächst dort am besten, wo man ein klares Verständnis von der betreffenden Körperfunktion hat, und die möglichst wenig mit Angst besetzt ist. Besonders wertvoll sind Visualisierungen aber bei Krankheiten, die im Rahmen der Hochschulmedizin als nicht ausreichend behandelbar, oder überhaupt als unheilbar gelten.

So eine Diagnose führt in vielen Betroffenen zu so viel Schock, Angst und Streß, daß sie mit Unterdrückung und Depression darauf reagieren. Dieser Zustand verringert aber die ohnehin schon geringen Chancen auf Heilung noch weiter, weil der chronische Streßzustand die ohnehin schon geschwächten Selbstheilungskräfte noch stärker lahmlegt.

Einer der Pioniere beim Einsatz von Visualisierungen zur Unterstützung hochschulmedizinischer Therapie ist der amerikanische Onkologe O.C. Simoton. Durch sein, in den siebziger Jahren nach ihm benannten Konzept, lernten Krebspatienten auch in sogenannten »aussichtslosen Fällen« ihre Selbstheilungskräfte zu aktivieren.

Mit dieser Methode begannen die Betroffenen einen Dialog mit den unbewußten Steuermechanismen ihres Körpers, der dazu führte, daß Selbstheilungskräfte entfesselt wurden. Entspannung, Zuversicht und Aktivität traten an die Stelle der Hoffnungslosigkeit und Depression und die so angeleiteten Patienten lebten deutlich besser und länger. Die verblüffenden Ergebnisse der Simontons führten zu einem Aufruhr in der Krebswissenschaft.

Seither sind eine ganze Reihe von wissenschaftlichen Untersuchungen durchgeführt worden. Allen Ergebnissen ist gemeinsam, daß seelische Unterstützung zu einem sprunghaften Anstieg der Lebensqualität der Betroffenen und der Angehö-

Visualisierung zur »Entstressung«:

1. *Setzen Sie sich aufrecht, aber entspannt hin. Sorgen Sie für eine gute Stütze (Wand, Kissen). Stellen Sie die Füße fest auf den Boden.*
2. *Atmen Sie einige Male tief ein und ganz lange aus. Lassen Sie den Atem dann fließen, wie er kommt und geht.*
3. *Stellen Sie sich vor, wie Ihre Füße den Boden berühren, und spüren Sie ganz genau hin, welche Punkte Ihrer Fußsohlen auf der Unterlage aufliegen.*
4. *Lassen Sie in Ihrer Vorstellung langsam Wurzeln aus Ihren Füßen in die Erde wachsen. Sehen Sie sich diese Wurzeln in allen Einzelheiten an. Wie stark, weich, dick, dünn, krumm, gerade, verzweigt usw. sie sich tiefer und tiefer in der Erde verankern.*
5. *Schauen Sie zu, wie diese Wurzeln gerne die Energie der Erde aufnehmen, vielleicht als Farbe oder Flüssigkeit, und wie diese Energie ganz langsam und angenehm von den Füßen aus aufsteigt und Ihren Körper immer mehr anfüllt. Spüren Sie, wie die Kraft der Erde sich mit Ihrer eigenen verbindet, während sie immer mehr von Ihrem Körper ausfüllt: Beine, Gesäß, Bauch, Rücken, Brust, Schultern, Arme, Hände, Hals, Nacken und Kopf.*
6. *Genießen Sie diese Fülle von Kraft, vielleicht auch den Fluß der Energie, mit einem Gefühl der Dankbarkeit.*
7. *Beenden Sie die Übung damit, daß sie 3 x tief durchatmen. Machen Sie sich bewußt, daß Sie gleich erfrischt und gestärkt die Augen öffnen werden, und tun Sie es dann auch in der Realität. Strecken und dehnen Sie Ihren ganzen Körper nach Herzenslust, und stehen Sie erst dann langsam und bewußt auf.*

rigen führt und daß belastende Therapien wesentlich besser vertragen werden.

Nur in wenigen Studien ist auch die Überlebenszeit gründlich untersucht worden. Doch die vorliegenden Ergebnisse deuten darauf hin, daß gerade in »aussichtslosen Fällen« das Erwecken von Bildern der Hoffnung und Zuversicht den Krankheitsverlauf zum Besseren wenden, ja sogar zu langfristiger

Heilung führen kann. Unterstützend wirken dabei Entspannung, Streßverminderung und körperliche Aktivität.

Das Faszinierende an Visualisierungen ist, daß damit jede beliebige Funktion des Organismus unterstützt und trainiert werden kann. Besonders in Verbindung mit Biofeedback eröffnen sich ungeahnte Möglichkeiten. Beim Biofeedback wird die entsprechende Funktion durch ein Gerät gemessen und an den Übenden rückgemeldet, so daß er in entspannter Haltung sofort erkennen kann, ob seine Vorstellungen und Bilder die gewünschte Wirkung haben. So kann die Lernzeit drastisch verkürzt werden.

Allerdings kann bei Visualisierungen, besonders in Verbindung mit Biofeedback, ein Problem auftauchen. Innere Bilder werden überwiegend von ganzheitlichen, kreativen Hirnteilen gesteuert, die eine enge Verbindung zu den vegetativen Hirnzentren haben. Wenn man sich in der Übung übermäßig auf einen Bildaspekt konzentriert, statt auf den ganzheitlichen Ablauf, kann das durch diese Hirnzentren gewahrte Funktionsgleichgewicht im Organismus ins Wanken geraten, was sich in unangenehmen Körpererfahrungen zeigt.

Natürlich kann man Visualisierungen auch unspezifisch zur Entstressung und Entspannung einsetzen. Die Übungszeit sollte anfangs etwa sieben Minuten betragen. Mit zunehmender Vertrautheit können Sie ihre Vorstellungen viel rascher wachrufen, sodaß Sie die stärkende Wirkung leicht in Alltagssituationen zu Hilfe nehmen können.

NLP - Neuro-Linguistisches Programmieren

NLP ist eine von Grinder und Bandler in den letzten 25 Jahren entwickelte Kommunikationstheorie, die eine einfache und wirksame Verbesserung und Vertiefung der Art und Weise ermöglicht, wie wir mit anderen und mit uns selbst umgehen. Besonders interessant für Fragen der Selbstheilungskräfte ist die Kommunikation mit uns selbst.

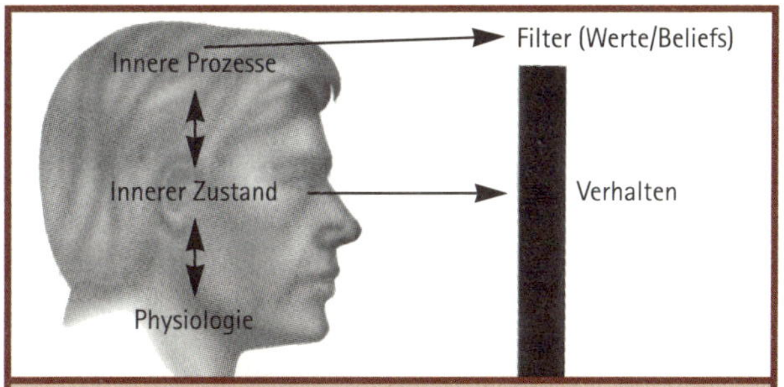

Zusammenwirken der Faktoren und Erlebensbestandteile beim Individuum

Die Grundannahme ist, daß in jedem Menschen zu jedem Zeitpunkt drei Aspekte interagieren. Der *Innere Zustand*, die Gefühle. Der *Innere Prozeß*, die Vorgangsweise des Bewußtseins, mit der es die individuelle Realität erschafft. Das *Äußere Verhalten*, also die materielle Aktivität in Raum und Körper. Im Austausch mit der Umwelt reduziert das Bewußtsein die Unendlichkeit der sinnlichen Wahrnehmung durch Filter, die im NLP *Glaubenssätze* bzw. *beliefs* genannt werden und in etwa unseren Einstellungen entsprechen.

Oft wird die spontane Tendenz des Körpers, wieder gesund zu werden, gestört durch innere Spannungen, die daraus entstehen, daß verschiedene Teile des Bewußtseins sich nicht über die einzuschlagende Richtung einigen können. Diese Bewußtseinsteile vertreten Überzeugungen, die wir manchmal schon früh im Leben verinnerlicht und zu Einstellungen gemacht haben. Sie behindern durch unbewußtes, selektives Filtern der Wahrnehmung das Erkennen der Lösung.
Da der ständig schwelende Konflikt als unangenehm erlebt wird, drängen ihn die meisten Menschen ins Unterbewußtsein ab. Dort ist er nicht mehr zu lösen und wird zu einem Erreger von chronischem Streß. Wenn jemand z.B. seinen stark entwickelten Hang zu Kreativität und Spiel ständig frustriert, indem er die Sicherheit einer nicht ausfüllenden Arbeit vorzieht, so gibt es zwischen dem Kreativen und dem Sicherheitsteil leicht eine innere Blockade. Die reduziert sich dann auf die Glaubenssätze: »Arbeit ist langweilig« und »Spaß ist gefährlich«.

Dieser innere Konflikt führt fast zwingend auf die Dauer zu innerer Spannung und Unzufriedenheit, weil die wertvollen Aspekte beider Teile »Ich will im Leben Spaß und Abenteuer«

und »Meine Arbeit ist wichtig und gibt mir Sicherheit« nicht wahrgenommen werden.

NLP zeigt zielorientierte und zeitsparende Möglichkeiten auf, solche gegensätzlichen Glaubenssätze, die fast immer unbewußt sind, aufzudecken. Damit hat man die Möglichkeit sie so zu verändern, daß die Bewußtseinsteile ihre Energie wieder gemeinsam zum Wohle des Gesamtorganismus einsetzen können. NLP bietet aber darüber hinaus eine Fülle von Techniken, mit denen jeder kritische Aspekte seines Lebens leichter erkennen und mit der eigenen Kreativität entschärfen kann. Einige dieser Techniken eignen sich sehr wohl zur Eigentherapie, doch die meisten Probleme, ganz besonders die zentralen »Hänger«, sollten besser mit einem erfahrenen NLP-Therapeuten angegangen werden, da auftauchendes unbewußtes Material sonst zu leicht übersehen wird.

Meditative Bewegungslehren

Darunter verstehen wir hier geistige Konzepte, die körperliche Haltungen und Bewegungen einsetzen, um bestimmte Seins - Aspekte in die Realität umzusetzen, also sie tatsächlich geschehen zu lassen. Das unterscheidet sich radikal von unserer westlichen Art, die Haltung, Bewegung und Mimik primär zur Darstellung menschlicher Zustände verwendet, die dann von anderen betrachtet und erlebt wird.

Wohl haben die östlichen Kulturen die meditativen Bewegungslehren besonders weit entwickelt, aber auch bei fast allen anderen Kulturen finden wir Tänze, Gesten und Rituale, die nicht nur das bedeuten, was sie darstellen, sondern durch die das Dargestellte zeitgleich Realität wird. Gerade schamanische Heilungen werden wesentlich durch Bewegungsrituale vermittelt, die das heilende Geschehen in der »anderen« Wirklichkeit unmittelbar auslösen. Leider ist dieses Verständnis in vielen Ethnien durch den Tourismus zu einer Ethno-Show verkommen, wie der balinesische Tempeltanz.

Yoga

Die bei uns bekannteste Form meditativer Bewegung sind die Körperstellungen des Hatha-Yoga, die Asanas. Sie werden häufig zur Bekämpfung spezieller Beschwerden empfohlen und angewendet, was allerdings dem Kern des Yoga-Wegs widerspricht. Yoga ist eine über 5000 Jahre alte geistige Disziplin der Selbstverwirklichung, die alle Lebensbereiche einschließt.

Die intensive Erfahrung körperlicher Weite beim Üben der Asanas kommt dem Selbstverständnis unserer Kultur sehr entgegen und hat zu weiter Verbreitung geführt. Der Weg des Yoga ist sicher geeignet, um die Potentiale des Menschen in Richtung Vollkommenheit zu entwickeln, doch gilt das nur für die Gesamtheit der Philosophie. Diese wurde am umfassendsten von dem indischen Weisen Patanjali um 300 vor Christus als die acht Glieder des Raja-Yoga beschrieben.

Der Stellenwert des bei uns bekanntesten Teils, der Asanas, liegt darin, daß sich in ihm das ständige Wechselspiel zwischen körperlicher Aktivität und Stellung, dem Fließen der Lebensenergie (Prana) und dem Bewußtsein besonders direkt und wie-

Die acht Glieder des Raja-Yoga:

1. *Yama fordert Gewaltlosigkeit, Ehrlichkeit und Mäßigung*
2. *Niyama betont Reinheit, Zufriedenheit und Bescheidenheit, sowie die Öffnung für spirituelle Lehren und Existenz*
3. *Asana , die körperlichen Stellungen und*
4. *Pranayama, die Atemübungen, bilden die Grundlagen des bei uns weit verbreiteten Hatha-Yoga*
5. *Pratyahara ist das Nachinnenlenken der Sinne und bereitet vor auf die eigentliche spirituelle Dimension des Yoga*
6. *Dharana, die Konzentration, bereitet den Weg für*
7. *Dhyana, die Meditation, das wieder gipfelt in*
8. *Samadhi, das Überbewußtsein, der direkten Erfahrung der Einheit mit Gott*

Die vier Phasen der Asanas:

1. *das dynamische In-die-Stellung-kommen*
2. *das statische Halten der Stellung*
3. *das dynamische Aus-der-Stellung-gehen*
4. *das statische Ausruhen in entspannter Haltung*

derholbar erfahren läßt. Die Aufmerksamkeit darf nicht nur auf das leistungsorientierte Erreichen der – zum Teil äußerst schwierigen – Endstellungen gerichtet werden. Vielmehr ist jede der vier Phasen der Asanas wichtig, auch das statische Ausruhen, in dem die Wirkung sich erst voll entfalten kann. Eine Darstellung allein der Asanas jedoch würde diese kurze Zusammenfassung bei weitem sprengen.

Es gibt vier gleichwertige Formen des Yoga, die jedoch im Westen kaum als Yoga anerkannt werden. Das Raja-Joga mit seinen Asanas ist nur eine der vier Wege. Aus diesem stark vereinfachten Überblick wird klar, daß der alleinige Einsatz von Asanas zur Stärkung der Selbstheilungskräfte zu kurz greift.

Zu erwähnen ist noch, daß Yoga das entspannte Hinlegen in einer dynamischen Form als *Shavasana* beschreibt, das Entspannungs- oder Meditationsübungen noch wesentlich vertiefen kann. Auch die Bewegungsfolge des Sonnengebets, *Surya Namaska*, ist eine Bereicherung für alle Menschen, die sich nicht tiefer mit dem Weg des Hatha-Yoga befassen wollen. Wenn Sie eigene Erfahrungen mit der heilenden Kraft des Yoga machen wollen, sollten Sie sich unbedingt einen Lehrer suchen, der die prinzipielle Weite der Yoga Philosophie verkörpert und vermittelt, und über umfangreiches Wissen bezüglich Gegenanzeigen bei Gesundheitsstörungen verfügt.

Die vier Yoga-Richtungen:

- *Raja-Yoga: der Weg zur umfassenden geistig-körperlichen Kontrolle*
- *Karma-Yoga: der Weg des selbstlosen Handelns*
- *Bhakti-Joga: der Weg der liebevollen Hingabe*
- *Jnana-Yoga: der Weg der Weisheit, des Wissens und der Willenskraft*

Tai Chi und Qi Gong

Die Wurzeln beider Lehren verlieren sich in der Frühzeit des chinesischen Kaiserreichs vor etwa 4000 Jahren und haben eher Legendencharakter. Beide beruhen auf dem Konzept des *Chi*, *Qi* oder *Ji*, der universellen Schöpfungsenergie, die als komplementäre Aspekte *Ying* und *Yang* das gesamte Universum in Gang hält. Der Mensch ist in diesen unendlichen Kreislauf eingebunden, sein Chi-Zentrum heißt Dantien und liegt im Unterbauch, ähnlich dem Hara des Zen-Buddhismus.

Tai Chi-Bewegungen bringen den Übenden in Kontakt mit dem universellen Energiefluß und öffnen die Verengungen, die dem Einssein mit dem Ganzen und damit dem freien Fluß der Energie im individuellen Leben im Wege stehen. Die Übungen haben eher fließenden Charakter und bestechen durch ihre Anmut und Leichtigkeit, die jedoch erst nach einigem Training erfahrbar wird.

Qi Gong soll eine Geheimwaffe der chinesischen Kaiser gegen das Altern gewesen sein, und wurde erst in den letzten 25 Jahren im Westen bekannt. Die Grundlagen ähneln denen des Tai Chi sehr, doch wird dem Verbleiben in der energiespendenden Position mehr Aufmerksamkeit geschenkt. Beide Methoden haben eine tiefe entspannende und vitalisierende Wirkung, die bereits nach kurzem Üben spürbar wird, und sind besonders für Menschen mit Wirbelsäulenproblemen wesentlich besser verträglich als Yoga-Asanas.

Dennoch ist auch hier die Unterstützung durch einen Lehrer dem reinen Selbststudium vorzuziehen, da anfängliche Blockaden der Bewegung durch den Übenden selbst kaum wahrnehmbar sind, und dennoch zum Ausbleiben der Wirkung führen können. Fast unmerklich erweitern die Übungen auch das Bewußtsein des Übenden, sowohl im Alltäglichen, als auch in seiner spirituellen Dimension hin zu mehr Selbstbestimmtheit, Liebe und Harmonie.

JENSEITS DES WISSENS

von Hermann Lechleitner

Gibt es eine Möglichkeit, Selbstheilungskräfte zu entwickeln, die sogar über die hundert Prozent des genetisch Festgelegten hinausgehen? Jede Antwort auf diese Frage muß spekulativ sein, da der derzeitige Stand der Wissenschaft in mehrfacher Hinsicht unzureichend ist. Wir wissen nicht, wo die Grenze des genetisch Festgelegten verläuft.

Wir stehen kurz vor der Entschlüsselung des vollständigen menschlichen Genoms, der gesamten Erbsubstanz. Hinter den ungeheuren Anstrengungen, die zum Erreichen dieses historischen Zieles führen werden, steckt die Überzeugung, daß dieses Wissen mit der Zeit neue Dimensionen der Gesundheitssicherung erschließen wird.

Tatsächlich dürften wir damit rechnen, daß im Bereich der Erbkrankheiten erste therapeutische Möglichkeiten entwickelt werden, doch für die Mehrzahl der häufigsten Krankheiten ist ein entscheidender therapeutischer Durchbruch auch in näherer Zukunft eher unwahrscheinlich. Degenerative Störungen, wie die Entstehung von Herz-Kreislaufkrankheiten oder Krebs, unterliegen der genetischen Bestimmung jedoch höchstens gleichwertig mit dem Lebensverständnis und einer Lebensführung, die unserem Gesamtwesen nicht entspricht.

Damit soll nicht die Bedeutung genetischer Faktoren im Einzelfall geleugnet werden, doch nach heutigem Wissen lassen sich genetische Ursachen nur bei einem ganz geringen Prozentsatz von Krankheiten nachweisen. Aus diesem Grund hat unsere statistikbezogene Medizinwissenschaft keinerlei Erfahrung mit den hundert Prozent des genetisch Möglichen. Unerwartet positive Verläufe und Heilungen von Krankheiten wie z.B von Krebs, die unser derzeitiges Verständnis überfordern, werden nur in den seltensten Fällen einer unvoreingenommenen ganzheitlichen Analyse unterzogen, obwohl darin die einzige Möglichkeit läge, den Grenzbereich des prinzipiell Möglichen zu beleuchten.

Diese seltenen Ereignisse werden auch heute noch regelmäßig als Fehldiagnosen gewertet - nach dem Motto, daß nicht sein kann, was nicht sein darf - unabhängig davon, wie sauber und klar die Erstdiagnose belegt ist, und damit unterbleibt jede weitere Analyse.

Wir wissen erst recht nicht, wo und wieviel Prozente des tatsächlich genetisch Festgelegten aktivierbar in uns sind. Sicher ist, daß der Durchschnittsmensch nur einen kleinen Teil des prinzipiell Möglichen prompt aktivieren kann, um ein Gesundheitsproblem zu beherrschen. Untersuchungen mit Biofeedback zeigen, daß viele Aspekte unserer Selbstheilungskräfte um das Mehrfache steigerungsfähig und an ausgewählten Stellen konzentrierbar sind.

Trotz dieses Wissens wird die Aktivierung der Selbstheilungskräfte, medizinisch etwas abfällig Placebo genannt, nicht einmal dort eingesetzt, wo medizinische Therapie gar keine Heilungschancen mehr hat, wie z.B. bei fortgeschrittener Krebskrankheit. Erfahrungsmedizinisches Wissen unserer eigenen und anderer Kulturen wird dabei ebenso ausgeschlossen wie psychologische Ergebnisse. Sie entsprechen eben nicht

Selbstheilungskräfte anerkennen

Die Aktivierung der Selbstheilungskräfte wird oft geringschätzing als „Placebo" abgetan. Selbst dann, wenn sich unerwartet positive Krankheitsverläufe einstellen, die sich dem medizinisch Erklärbaren völlig entziehen. Trotzdem wird in solchen Fällen nur selten dazu übergegangen, auch ganzheitliche Aspekte miteinzubeziehen und Grenzbereiche in Heilungsprozessen näher zu untersuchen. Andere Kulturen verhalten sich dem „Vernunftswidrigen" gegenüber aufgeschlossener. Nicht selten werden Heilungen eigentlich aussichtsloser Krankheitsverläufe selbstverständlich beschrieben, die sich ohne den Einsatz von materiallen Heilmitteln oder eines speziellen Heilers vollzogen haben.

dem zwar veralteten, aber immer noch üblichen, Alleinvertretungsanspruch der Hochschulmedizin.
Allerdings muß auch festgestellt werden, daß mit dem Begriff »Wunderheilung« so viel Mißbrauch getrieben wurde, daß die ablehnende Haltung engagierter Mediziner verständlich erscheint. Unter der Spannung dieses Gegensatzes fällt es auch aufgeschlossenen Ärzten im Einzelfall immer wieder schwer, anzuerkennen, daß Ausmaß und Verfügbarkeit der Selbstheilungskräfte des Patienten die Grenze möglicher Heilung im medizinischen Sinne darstellen.

Während medizinische Diagnostik und Therapie ständig verfeinert und verbessert wurden, geriet der entscheidende individuelle Aspekt des Kranken immer mehr in den Hintergrund. Gerade die derzeitige Finanzierungskrise des Gesundheitssystems könnte eine entscheidende Chance und Anstoß sein, uns auf die ungenutzten Ressourcen der Selbstheilungskräfte zu besinnen, die in jedem Menschen brachliegen.

Es macht einen riesigen Unterschied, wenn man mit dem aktiven Bremsen der Selbstheilungskräfte aufhört, das durch Mangel an Bewegung, Fehlernährung, Streß und destruktiven Lebensstil vermittelt wird. Unser Körper hat eine lebenslange, angeborene Tendenz, gesund zu werden und zu bleiben. Auch die im Buch genannten Techniken sind nur ein kleiner Streifzug durch die Fülle von Möglichkeiten, dieser Tendenz freien Lauf zu lassen.

Alle Hochkulturen von Australien bis Europa stimmen darin überein, daß der Mensch ein *geistiges Wesen in einem irdischen Körper* ist. Auch während seines materiell faßlichen Daseins bleibt der Mensch dem großen Ganzen, aus dem er kommt und wohin er wieder geht, auf eine

Selbstheilungskräfte reaktivieren

Unser Körper ist grundsätzlich darauf angelegt, gesund zu werden bwz. zu bleiben. Faktoren wie Bewegungsmangel, Fehlernährung oder Streß behindern dieses natürliche Bestreben allerdings. Vielfach bleibt das Selbstheilungspotential eines jeden Menschen auch einfach ungenutzt. Durch Bewußtseinstechniken wie Yoga, Muskelentspannung oder Meditationen können die brachliegenden oder blockierten inneren Kräfte wieder aktiviert und unterstützt werden.

Weise verbunden, deren Erfassung der Naturwissenschaft bis heute nicht gelungen ist. Alle Traditionen beschreiben die Heilung von aussichtslosen Krankheitszuständen, ohne daß materielle Heilmittel angewendet worden wären, und ohne Einsatz eines persönlichen Heilers, wenn Menschen sich dieser Verbindung öffnen konnten.

Viele Heilungsrituale der verschiedensten Traditionen zielen genau auf diesen Punkt. Andere Kulturen als die unsere haben auch zum Tod als Rückkehr in die geistige Dimension ein viel offeneres Verhältnis. In diesem Sinne wird das Sterben des Körpers zugleich Entbindung der Seele von der schwerfälligen Last und der Kreis des Lebens schließt sich, der mit der Entbindung bei der Geburt begonnen hat.

In diesem letzten Sinn ist das Scheitern der Selbstheilungskräfte bei der Erhaltung des Lebens gleichzeitig Heilung im Sinne von Ganzwerden in eine neue Dimension, die wir alle irgendwann erleben werden.

Heilende Rituale der Menschheit – Ritualisieren und Gesunden

von Manfred Kremser

Ein Griot der Bambara in Mali/Westafrika spielt auf seiner Kora, gekleidet im Ornat des Feticheurs der Jäger mit zahlreichen kraftgeladenen Amuletten.

»Der kürzeste Weg zu sich selbst führt rund um die Welt«

(Hermann Keyserling)

Die folgenden Seiten sind als Einladung gedacht. Sie laden ein zu einer Reise mit Worten und Bildern – zu einer virtuellen Reise zum frühen Heilwissen der Menschheit, von der bis jetzt nur wenige nach Weisheit und Heilung suchende Pilger unbeschenkt heimgekehrt sind.

Geplant ist eine Reise in entlegene Gebiete unseres Erdballs – in die Welt therapeutischer Rituale sogenannter »Naturvölker« und ihrer medizinischen Spezialisten. Aber auch eine Reise in die Welt ihrer nicht materiellen »göttlichen« Verbündeten in den für uns profanen westlichen Menschen meist unsichtbaren kosmischen Regionen.

Doch das Ziel dieser Reise ist nicht etwa ein ferner Ort außerhalb unseres Körpers und jenseits des eigenen Erlebens. Nein, das Ziel dieser Reise befindet sich tief in jedem einzelnen von uns, in unserem ureigensten Selbst – dort wo wir im tiefsten Inneren zu Hause sind.

Also anscheinend ein ganz und gar nicht langer Weg. Doch diesen Weg zu den eigenen Quellen unseres Menschseins, aus denen auch unsere Selbstheilungskräfte fließen, wenn wir ihnen die Bahn freimachen, müssen wir selbst beschreiten. Niemand sonst kann diese Reise stellvertretend für uns durchführen.

Aber nur die wenigsten von uns kennen die Kartographie dieser inneren Welten so gut, daß sie auch ganz allein auf sich gestellt diese unendliche ferne Reise zu sich selbst antreten können.

Zu allen Zeiten in der Geschichte der Menschheit und in allen Gesellschaften rund um den Erdball gab es deshalb religiös-medizinische Spezialisten als professionelle Begleiter auf diesem Weg zur Quelle des Heil-Seins. Heute werden sie zumeist Schamanen oder einfach Heiler genannt. Ihr reichhaltiges Wissen um die überaus komplexen Ursachen und Zusammenhänge von Gesundheit und Krankheit in ihren materiellen

Heiler

Neutrale Bezeichnung für medizinische Experten und Spezialisten, die sich in nichtwestlichen Gesellschaften mit der Diagnose und Therapie von Krankheiten befassen. Ihre Kompetenzen gehen oft weit über den Bereich der westlichen Schulmedizin hinaus. So behandeln sie neben den korperlichen Symptomen auch die sozialen, psychischen, spirituellen und ökonomischen Aspekte von Krankheiten und haben dabei die Aufgabe, die Patienten in eine ungestörte göttliche und soziale Ordnung zu reintegrieren. Zu diesem Zwecke werden oft therapeutische Riten abgehalten, bei denen in der Regel die leiblichen Bezugspersonen der Patienten (Familienmitglieder, Nachbarn, Freunde, etc.) anwesend sind und meist auch die spirituellen Schutzmächte des Heilers und seiner Klienten eingeladen werden.

Bei der Stammesbevölkerung Indiens dauert die Hochzeitssaison von Februar bis Mai. Sie wird von hunderten Ritualen markiert und von märchenhaften Tänzen begleitet. Dabei tragen die Mädchen bis zu 7 kg Silberschmuck am Körper.

und metaphysischen Dimensionen qualifizierte sie seit jeher als kompetente Reiseführer durch die oft unwegsamen Pfade menschlichen Lebens.

In ihrer Funktion als Diagnostiker (Divinatoren, Orakelkundige, Seher, Wahrsager, etc.) obliegt es den Heilern herauszufinden, welche spezifischen Ursachen für die Störungen des Wohlbefindens verantwortlich sind. Als solche werden neben »natürlichen« Ursachen häufig auch Gottheiten, Geistwesen, Ahnen, Hexen oder kraftenthaltende Gegenstände identifiziert.

Bezüglich ihrer spezifischen therapeutischen Funktionen haben sich in der älteren völkerkundlichen Literatur die Begriffe *Medizinmann, Schamane, Hexendoktor, Zauberer, Magier, Exorzist und Herbalist* herausgebildet, die jeweils einen unterschiedlichen Typ von Heilern charakterisieren. In der neueren ethnomedizinischen Literatur setzen sich jedoch immer mehr die gruppenspezifischen Eigenbezeichnungen durch, wie z.B. *Curandero* (Lateinamerika), *Nganga* (südliches Afrika), da die jeweiligen Funktionen nicht immer klar abzugrenzen sind.

I. Schamanisieren – Die älteste Heilkunst der Menschheit neu entdeckt

Heute gelten Schamanen überall als die frühesten bekannten Repräsentanten menschlicher Heilkunst. Haben wir sie selbst als die Gesundheits-Reiseführer bezeichnet, so könnten wir ihre Rituale als Wegweiser zur Heilung betrachten.

Schon seit mehr als 40.000 Jahren und in allen Kulturen findet Heilung im rituellen Rahmen statt: Menschen kommen zusammen – der eine fungiert als Heiler, der andere sucht nach Heilung. Beide haben ein gemeinsames System kultureller Überzeugungen und eine gemeinsame Heilungssymbolik; beide finden in einem bestimmten Rahmen zusammen – bei schamanischen Heilungsprozessen oft in einem von vielen Stammesgenossen gebildeten Kreis.

Rituale dienen als Wegweiser und Verhaltensmaßstäbe in Krisenzeiten – wenn Körper, Geist oder Seele angegriffen sind. Der Akt des Rituals ermöglicht es den Menschen, Erfahrungen miteinander zu teilen und einander sichtbar zu unterstützen. Ablauf und Symbolik des Heilungsrituals festigen die Bindung zwi-

Die drei unterschiedlichen Muster der silbernen Armreifen einer Bhil-Braut symbolisieren die drei Phasen jedes Übergangsrituals: Trennung, Übergang, Inkorporation (Einfügung).

schen Heiler und Heilungssuchenden und erzeugen Vertrauen und die Hoffnung darauf, daß der Übergang zum Heilsein, zur Harmonie oder zu einer Erlösung vom Leiden gelingen wird.

In vielen schamanischen Ritualen geht es darum, dem Kranken eine Vision von Stärke und Verbundenheit mit der Gemeinschaft zu vermitteln. Folglich mindern Rituale das Gefühl der Entfremdung von der eigenen Gemeinschaft. In vielen Stammesgesellschaften gilt dies als vorrangiger Grund für Krankheit: Entfremdung von der Familie, von der Gemeinschaft, von der Umwelt, vom Selbst und von der Geisterwelt.

Schamane

Das Wort Schamane, ursprünglich vom Tungusischen »saman« abgeleitet, hat sich heute weltweit als Bezeichnung für religiös-medizinische Spezialisten durchgesetzt. Kennzeichnend für sie ist ihre Fähigkeit, während ihrer diagnostischen und therapeutischen Betätigung in eine willentlich herbeigeführte und kontrollierte Trance einzutreten. Als Pendler zwischen den Welten können sie durch ihre »Technik der Ekstase« mit transzendenten Wesen kommunizieren und die Mitglieder ihrer Gemeinschaft mit allem in Verbindung bringen, was heilig ist und dem Leben Sinn gibt.

Die neueste Literatur, die sich mit der Kultur des Menschen in seiner Entwicklungsgeschichte beschäftigt, betont den sozialen und politischen Einfluß von Schamanen, anerkennt ihren beträchtlichen psychotherapeutischen Scharfsinn, preist ihre intellektuellen Qualitäten und bewundert ihre kreativen und innovativen Fähigkeiten.

Die wichtigste gesellschaftliche Funktion des Schamanen ist zweifellos die des Heilers; daneben wirkt er aber auch als Diagnostiker, Wahrsager, Zeremonienmeister, Ritualexperte, Künstler, Sänger, Tänzer, Poet, Opferpriester, Jagd- und Regenzauberer, Totenführer und Hüter religiöser Traditionen und Mythen. Die Heilkunst wird als Gesamkunstwerk betrachtet.

Oft wird deshalb der Begriff »Disharmonie« als Synonym für Krankheit gebraucht.

Ähnliche Überlegungen mögen auch zur umfassenden – geradezu ganzheitlichen – Definition von Gesundheit seitens der Weltgesundheitsorganisation WHO beigetragen haben. Demnach umschließt Gesundheit nicht nur das körperliche, sondern auch das geistige und soziale Wohlbefinden von Menschen. Unter dem Druck von Repräsentanten schamanischer Weltbilder wurde während der 37. Weltgesundheitsversammlung im Jahre 1984 auch die Bedeutung der spirituellen Dimension der Gesundheit der Menschheit betont.

Das Afrika-Komitee der WHO definiert Krankheit als »Zerbrechen der Harmonie des Lebens«. Folglich wäre Heilung ein Akt, der das zerrissene Gewebe des Lebens neu webt.

Wir wissen heute, daß ein Mangel an Harmonie mit der Umwelt zur Vorgeschichte vieler Krankheiten gehört. Wer sich allein fühlt, ungeliebt oder keinen Sinn im Leben findet, ist auch wesentlich anfälliger für Krankheiten. Jedes Ritual, das ein entfremdetes Individuum wieder gesellschaftlich einbindet und die Harmonie wiederherstellt, kann »heil« bzw. »ganz« machen.

Rituelle Zeiten

Rituale können aber auch eine wichtige vorbeugende Funktion haben. Ein Großteil der Handlungen, die den Zusammenhang zwischen Menschen festigen, ist rituell aufgebaut: gemeinsames Essen, Trinken oder Rauchen zum Beispiel. In den meisten traditionellen Gesellschaften der Welt gibt es rituelle Zeiten, in denen die Arbeit ruht und das oft wochenlange Feiern angesagt ist.

Sie fördern die Lebenslust, befriedigen die ästhetischen Bedürfnisse der Menschen und tragen somit wesentlich zur Stärkung ihrer gesunden Konstitution bei. Bei der Stammesbevölkerung Indiens z.B. dauert die Hochzeitssaison von Februar bis Mai. Sie wird von hunderten Ritualen markiert und von märchenhaften Tänzen begleitet.

Ritueller Austausch wechselseitiger Gaben zwischen den Welten: *Lobpreisungen und Opfergaben für die Götter – Gesundheit, Energie und Lebensfreude für die Menschen*

Die wesentliche psychologische Wirkung mancher Rituale liegt darin, daß sie Menschen durch schwierige Zeiten geleiten – Sterbende, Schwerkranke, Menschen in emotionaler Krise. Solche Rituale liefern eine Landkarte für das unsichtbare, unbekannte und nicht vermessene Gebiet, das sie durchschreiten. Die ständige Wiederholung von Gebetsformeln, Liedern oder Trommelrhythmen besänftigt den sorgenvollen Geist des Kranken und schafft Raum für geistige und spirituelle Klarheit.

Der Schamane, der im Verlaufe seiner Initiation gelernt hat, zeitweise aus der linearen Zeit und aus seinem Körper herauszutreten und die metaphysischen Welten durch eigene Anschauung kennenzulernen, hat dadurch seinen eigenen Tod bereits zu Lebzeiten vorweggenommen. Er kann nun willentlich seine materielle Hülle verlassen und als Seelenführer anderen Menschen ein sicheres Geleit ins Totenreich geben.

Schamanische Weltbilder sind seit jeher einer pantheistischen Weltsicht verpflichtet, wonach ein unendlicher Strom göttlicher Kraft den gesamten Kosmos und alles Seiende –

Belebtes wie Unbelebtes gleichermaßen – durchflutet. Auch der Mensch hat Anteil an diesem ewigen Spiel der fließenden Energien, von dem letzten Endes sein eigenes Wohlergehen abhängig ist.

Um sich des Wohlwollens dieser göttlichen Mächte zu versichern, bringen ihnen die Menschen Geschenke und rituelle Opfergaben dar. Dadurch machen sie diese geneigt, im Gegenzug dazu Geschenke anzubieten. Das allergrößte dieser göttlichen Geschenke an die Menschen ist die Gesundheit und damit verbunden die Lust zu Leben. Diese wiederum drückt sich am schönsten in ihrer Freude am rituellen Feiern aus, was die Götter wiederum erfreut.

Leben für Leben – die Menschen wachsen durch den göttlichen Austausch von Energie. Die Götter bieten Liebe, Gesundheit, Weisheit und Glück an – die Menschen statten dafür Opfer und Lobpreisungen ab. Jeder benötigt den anderen, denn ohne die kraftvolle Energie der Gottheiten würden die Menschen alle Hoffnung auf ihr gottgegebenes Schicksal aufgeben und auf sich selbst angewiesen sein. Und ohne die Kraft des Opfers würden die Gottheiten verkümmern und sterben.

Denn sie sind nicht unsterblich – ihr Leben, ihre Kraft, hängt von den Menschen ab. Es sind ihre Rituale, die sie stark machen, und ohne ihre Opfer könnten sie nicht für die Menschen kämpfen. Diese gegenseitige Abhängigkeit wird in den Sprichwörtern vieler Völker ausgedrückt: »Wo es keine Menschen gibt, gibt es auch keine Gottheiten«.

Therapeutische Riten

Therapeutische Riten sind medizinische Verfahren der Diagnose und Therapie, welche vor allem bei Krankheiten mit personalisierter bzw. »übernatürlich« gedachter Verursachung von den jeweils zuständigen Heilern durchgeführt werden. Sie bestehen aus einer Serie von Teilhandlungen, die in der Regel in drei Phasen ablaufen.

Ziel all dieser Handlungen ist die Wiederherstellung des Gesundheitszustandes durch Reintegration und Resozialisierung des Patienten in eine ungestörte göttliche und soziale Ordnung. Aus diesem Grunde werden therapeutische Riten gewöhnlich in Anwesenheit der Bezugspersonen des Kranken abgehalten, sei es in seinem natürlichen Umfeld oder an bestimmten heiligen Orten und Kultstätten.

Die 3 Phasen des therapeutischen Ritus:

1. *Im einleitenden diagnostischen Prozeß bedient sich der Heiler oft unterschiedlicher Techniken der Divination, um die spezifische Ursache der gesundheitlichen Störung herauszufinden.*
2. *Der direkt anschließende therapeutische Prozeß ist meist von Opfern, Gebeten, Gesang, Tanz und anderen Kulthandlungen begleitet. Der symbolischen Kommunikation mittels Farben, Gesten- und Trommelsprache sowie der symbolischen Interaktion im Zuge psycho-dramatischer Aufführungen und operativer Eingriffe kommen oft eine große Bedeutung zu. Eine wichtige Rolle spielen hier auch Reinigungs-, Austreibungs- und Versöhnungsrituale.*
3. *Den Abschluß bildet oft eine gemeinsame Mahlzeit im Sinne einer Kommunion, die einerseits die Menschen untereinander verbindet und andererseits auch die Beziehung zu ihren spirituellen Schutzmächten erneuert und verstärkt.*

MANDOL – Schamanische Trance-Heilung in Zentralindien

Als erste Station unserer Reise zu den heilenden Ritualen der Menschheit wollen wir uns nun in den sogenannten »Stammesgürtel« nach Zentralindien begeben, wo über 100 Millionen Angehörige von tribalen Gesellschaften bzw. ethnischen Gruppen ihr Leben auch heute noch nach den Gesetzen schamanischer Weltbilder organisieren.

Allein die in der Vergangenheit wegen ihrer riesigen Jagdbögen als »Bogenmenschen« so berühmten Bhil zählen heute

Die beruflichen Tätigkeiten indischer Schamanen:

1. *Diagnose von Krankheiten und anderen Beeinträchtigungen des Lebens von Individuen und der Gemeinschaft in Verbindung mit divinatorischen Techniken.*
2. *Behandlung von Krankheiten, wobei sowohl Heilpflanzen als auch rituelle Praktiken zur Anwendung kommen – aber stets in Verbindung mit Anrufungen von Gottheiten.*
3. *Austreibung von Krankheiten bzw. der verursachenden Geistwesen aus der Siedlung unter Mitwirkung der Dorfbewohner, wobei verschiedene Gegenstände nach Osten über die Dorfgrenze gebracht und dort deponiert werden.*
4. *Darbringung von Opfern, wie z.B. gekochte Speisen, Kokosnüsse, Reis mit Öl oder zerlassener Butter, gespeiste Lampen aus Ton, Palmwein, Schnaps, Hühner und Ziegen.*
5. *Einweihung von Götterpfählen, verbunden mit dem Aufstellen von tönernen Pferdestatuen und anderen Tierfiguren.*
6. *Anrufung der Gottheiten in Form von Litaneien und Gesängen, sowie Rezitationen von Mythen bei diversen kultischen Anlässen.*
7. *Herbeirufung der Götter in Trance bei verschiedenen Zeremonien: Diese nehmen von seinem Körper Besitz – sie bereiten ihn sozusagen – sprechen durch seinen Mund (=Glossolalie) und geben Weisungen. In der Ekstase kann der Schamane auch Gottheiten dramatisch darstellen.*
8. *Herbeirufung der Seele eines Menschen, der eines gewaltsamen Todes gestorben ist. Dies geschieht ebenfalls in Trance beim Aufstellen eines Totengedenk-Pfahles, als Ruheplatz der Totenseele.*
9. *Rituale bei der Einweihung eines neu gebauten Hauses.*
10. *Zeremonien zum Herbeirufen des Regens.*

über 12 Millionen Mitglieder. Ihre ursprüngliche Lebensweise als Sammlerinnen und Jäger haben sie zwar schon seit Jahrhunderten zugunsten einer bäuerlichen Wirtschaftsform eingetauscht. Doch das therapeutische Repertoire ihrer medizini-

Von den Beziehungen zum Unendlichen – 7 Millionen Geistwesen ringsum: *Bemalen der roten Topfscherbe mit runenartigen Götterfiguren. Die Punkte zwischen den einzelnen anthropomorphen Figuren stehen für all diese Gottheiten, die in der Topfscherbe keinen Platz mehr finden.*

schen Spezialisten orientiert sich nach wie vor am uralten schamanischen Wissen aus der Frühzeit der Menschheit.

Wichtigstes therapeutisches Angebot des Bhil-Schamanen in Zentralindien ist das MANDOL – ein traditionelles Trance-Ritual, welches mit Zuckungen in der Besessenheitstrance des Schamanen gipfelt. Dieses dient in den meisten Fällen dazu, die Heilung von Krankheiten durch Opfergaben an die krankheitsverursachenden Gottheiten zu bewirken oder den Krankheitsdämon aus einem Individuum auszutreiben.

Bereits am frühen Morgen, noch vor Sonnenaufgang, beginnt der Schamane mit seiner Arbeit. Gemeinsam mit einigen Assistenten und den Patienten mitsamt ihren Familienmitgliedern versammelt er sich vor seinem Gehöft – sitzend, immer mit dem Blick nach Osten gewandt. Es werden Räucherstäbchen angezündet. Mit zum Gebet gefalteten Händen und sanft intonierten mantrischen Gesängen werden die personifiziert gedachten kosmischen Macht-Kraft-Instanzen angerufen und begrüßt.

Es sind dies neben den wichtigsten Bhil-Gottheiten von Himmel, Erde, Sonne, Mond, Sterne, Boden, Felsen die 16.000 starken Geister, deren wichtigste die Elementargeister der Luft, des Wassers, des Feuers und des Getreides sind, ferner die 12.000 Himmelsgeister, 13.000 Blitzgeister – insgesamt 7.000.000 Repräsentanten der Schöpfung.

Dann, zu Beginn des mehrtägigen MANDOL (= großes Krankheitsritual), werden vom Schamanen die wichtigsten Gottheiten, die für die Krankheit verantwortlich sein könnten, in Menschengestalt mit zinnoberroter Farbe in die Bodenhälfte eines lilaroten irdenen Wassertopfes gemalt, wobei er immer wieder bestimmte Beschwörungsformeln ausruft.

Nicht nur etymologisch wird die Verwandtschaft zwischen *Mandol, Mandala* und *Mantra* deutlich sichtbar. Der Ort des Rituals wird für kurze Zeit zum Zentrum der Welt, die Gesamtheit aller Wesen wird mit den kraftgeladenen Worten des Schamanen hierher einberufen, um die ins Wanken geratene göttliche Ordnung wiederherzustellen – im Hier und Jetzt – optisch repräsentiert und akustisch intoniert.

Die Punkte zwischen den einzelnen menschenähnlichen Figuren stehen für all diese Gottheiten, die in der beschränkten räumlichen Ausdehnung der Topfscherbe in ihrer konkreten Ausformung keinen Platz mehr finden. Sie deuten damit ihre Unendlichkeit an, ähnlich wie in der modernen Mathematik ein periodischer Punkt über einer Ziffer deren unendliche Repetition repräsentiert.

…en Anschein, daß man die Gottheiten mit einer ge… in die mit ihren Abbildern bemalte Topfscherbe …ern versucht. Das geschieht, indem man die Opfer… an darzubringen beabsichtigt, über dem Patienten …dessen Körper vorsichtig damit berührt. Dadurch …rankheits-Gottheiten in die guten Dinge hinein…nn mit ihnen in der Topfscherbe festgehalten

»*Eßt, trinkt, seid fröhlich, und verweilet weiterhin im Lande der Schamanen!« Während des mehrtägigen Mandol-Rituals singt der Schamane stundenlange Preislieder für die Gottheiten. Er schlägt dabei den Schraper und greift immer wieder zur Schnapsflasche, um die Libationen durchzuführen.*

Nachdem mit Hilfe der Opfergaben (Kokosnüsse, Schnaps, Räucherstäbchen, Zuckerkugeln, etc.) die Krankheiten von den Patienten entfernt und in die Tonscherbe hineingebannt wurden, deckt der Schamane diese mit einem roten Tuch zu. Die rote Farbe des Tuches signalisiert den energiegeladenen Schnittpunkt zwischen den Welten. Er ehrt abermals die Erdmutter mit einem Trankopfer aus Schnaps (Libation). Er selbst nimmt ebenfalls einen kräftigen Schluck zu sich. Ein rotes Fähnchen und ein Dreizack wird daneben in den Boden gesteckt. Ebenso wird ein kleines glimmendes Feuer in einem Dachziegel, sowie eine Öllampe danebengestellt.

Dann ist der Moment gekommen, in dem der Schamane auf dem Boden sitzend den Schraper, ein Geräuschinstrument, zur Hand nimmt, an den Trommler den Einsatz zum Spiel der Sanduhrtrommel bekanntgibt und mit seinen Rezitationen beginnt. Dem Prinzip nach wirken die Gesänge während des *Mandol*-Rituals wie *Mantras*. Wie diese, so erzwingen auch jene die beabsichtigte Wirkung.

Zwischen den einzelnen Gesängen, die vom Chor aller Anwesenden begleitet werden, führt der Schamane weitere Libationsopfer durch, indem er den Schnaps zwischen seinen Fingern zu Boden träufeln läßt und Beschwörungsformeln ausruft, begleitet von heftigen Trommelwirbeln.

Die Gesänge werden wieder aufgenommen. Das Schlagen des Schamanen auf den Schraper wird immer heftiger. Die Intonationen der einzelnen Liedstrophen fallen zunehmend lauter und energetischer aus. Der Kopf, wie auch die linke Schulter, beginnen leichte kreisförmige Bewegungen auszuführen. Der Atem wird schwerer und mündet schließlich in einer übermäßigen Steigerung der Atmung. Der Eintritt der Trance wird durch heftiges Rotieren des Kopfes markiert, bei der auch der Turban von seinem Haupte fällt. Man sagt, ein Gott sei auf den Kopf des Schamanen – auf sein »Pferd« – gestiegen, und der »Wind Gottes« habe ihn erfaßt.

In diesem Moment wirft der Schamane den Schraper zur Seite. Kurz darauf hört auch die Trommel auf zu schlagen. Er ergreift die Schnapsflasche und führt weitere Libationen über der mit rotem Tuch zugedeckten Tonscherbe durch. Dann stößt er einen gewaltigen Schrei aus, der wie *»Zaiiih«* klingt. Er ergreift die Kokosnuß und opfert sie, indem er sie mit einem einzigen Schlag auf die Erde zum Zerbersten bringt.

Er nimmt den Teller mit den Zuckerkugeln und läßt ihn mehrmals über dem nunmehrigen »Göttersitz« kreisen. Dann faßt der Schamane dieses Gefäß mit beiden Händen und, nachdem er damit einen letzten raschen Schwung über dem Patienten gemacht hat, überreicht er es einem Helfer, der es in aller Eile nach Osten aus dem Dorfe hinausträgt, wobei ihm das Rückwärtsschauen nicht gestattet ist.

Ein anderer Helfer schwenkt den Teller mit den Zuckerkugeln rund um den Schamanen, dieser ruft erneut ein lautes *«Zaiiih«*, und fährt sodann fort, in Glossolalie, also in Zungensprache zu sprechen. Die Gottheiten, die jetzt endgültig vom Schamanen Besitz ergriffen haben, sprechen nunmehr aus seinem Munde. In einer nicht leicht verständlichen Sprache artikulieren sie ihre Wünsche und fordern bestimmte Opfergaben. Diese Worte können von den Anwesenden oft nur mühsam entschlüsselt werden.

Das Kopfkreisen des heimgesuchten Schamanen wird während der gesamten Dauer der Trance ca. drei Minuten lang weitergeführt. Der in tiefer Trance befindliche Heiler legt dann die linke Hand aufs linke Knie und vollführt mit seiner rechten Hand ein eindrucksvoll harmonisches Kreisen vor seinem Körper, welches rhythmisch mit der Zungensprache verschmilzt, die aus seinem Munde kommt. Eine abschließende Libation und das Ausklingen der glossolalischen Lautäußerungen deuten das bevorstehende Ende der Trance an.

Der Schamane faltet nun seine Hände zum Gruß, ruft ein letztes Mal *«Zaiiih«* und mit einem wohlwollenden *«Ram-Ram«* – dem populären Gruß der Bhil – tritt er wieder in die Welt der Menschen ein. Er teilt Stücke des weißen Fleisches der geopferten Kokosnuß an alle Anwesenden aus, die sie aus ihren Händen gemeinsam ins Feuer werfen. Damit ist die Kommunion zwischen den lebenden Menschen auf Erden und den Göttern vollzogen.

Der endgültigen Heilung der Klienten geht das anschließende gemeinsame Opfermahl voraus, welches die Kommunion von der spirituellen Ebene wieder auf die soziale Ebene transformiert.

Doch zuvor greift der Schamane erneut zum Schraper und stimmt weitere Gesänge an. Mit diesen entschuldigt er sich bei jenen Gottheiten, die er durch das *Mandol* aus ihrer Ruhe gestört hatte, ohne daß sie etwas mit der Krankheit seiner Klienten zu tun gehabt hätten. Die Heil-Séance endet schließlich mit dem Aufruf der letzten Liedstrophe: *»Eßt, trinkt, seid fröhlich, und verweilet weiterhin im Lande der Schamanen!«*

II. Trance-Tanzen – Das Leben zelebrieren, denn alles Leben ist Tanz

Was in vielen vorindustriellen Gesellschaften seit Jahrhunderten mit großem Erfolg praktiziert wird, versucht man in der modernen westlichen Medizin erst heute zu erforschen und anzuwenden: Kranke mittels Musik und Tanz zu heilen und die Konstitution von Menschen damit positiv zu beeinflußen, um die große Gesundheit zu fördern und eventuell drohenden Erkrankungen vorzubeugen.

Die Natur als Heilerin: *Aus der Natur bezieht der tanzende Binza Avule nicht nur seine Heilpflanzen, sondern auch die Kraft zur Transformation.*

Inzwischen ist man im Westen sogar auf die positive Wirkung von Trance-Tänzen aufmerksam geworden und versucht zunehmend, diese nicht für Behandlungen zu nutzen, sondern auch für das spirituelle Wachstum einzusetzen. Zahlreiche Aussagen von modernen Menschen, die durch diese gesamtkörperlich-seelischen Erfahrungen durchgegangen sind, beweisen dies:

»Im Trance-Tanz verändert sich dein Bewußtsein – du spürst eine Energie in dir, die dich mehr als lebendig macht. Dein Körper wird erfüllt von deiner eigenen grenzenlosen Existenz. Du bist voll und ganz präsent, du tanzt nicht – du läßt dich tanzen.

Tanz ist einer der einfachsten Wege, dein Leben zu feiern und zu heilen. Trance-Tanz ist, ebeno wie Schamanisieren, ein über 40.000 Jahre altes Abenteuer: Du nimmst Kontakt auf zu deiner Liebe und zu deiner Leidenschaft, den beiden wichtigsten Elementen der Spiritualität. Du erfährst einen Prozeß allumfassender Heilung, während du dich von dem Zentrum deines Herzens aus bewegst und von dort aus atmest. Du tauchst ein in einen Zustand der Euphorie, den unsere Ahnen als Ekstase bezeichnet haben.«

AVULE –
Der psychodramatische Tanz des »Hexendoktors«

Die nächste Station unserer Reise zu den heilenden Ritualen der Menschheit führt uns ins Zentrum von Afrika, zum berühmten Volk der Azande. Noch vor 100 Jahren, knapp nachdem sie erstmals von europäischen Forschungsreisenden aufgesucht wurden, gingen sie als die berüchtigsten Kannibalen Zentralafrikas in die Reiseliteratur ein, wofür ihr früherer Name »Niam-Niam« (= Menschenfleischfresser) ein beredtes Zeugnis ablegte.

Heute gelten die Azande als eines der musikalisch begabtesten Völker Afrikas. In direkter Verbindung damit steht ihr komplexes medizinisches Wissen. Bei zahlreichen therapeutischen Riten werden Musik und Tanz als wesentliches Heilmittel eingesetzt.

»Die Dinge, die ich sehe!« – Der Binza Avule während seines Trance-Tanzes

Oberster Repräsentant der Heilkunst der Azande ist der *Binza Avule*, der früher oft auch als »Hexendoktor« bezeichnet wurde. Sein Heiltanz gilt als der älteste Tanz der Azande. Wegen seiner zentralen Bedeutung für das körperliche, soziale, seelische und spirituelle Wohlbefinden für die Mitglieder der Gesellschaft wird er im Gegensatz zu vielen anderen alten Tänzen auch heute noch praktiziert.

Im vollen Ornat tanzt sich der Heiler Bagu in Trance, wobei er in beschwörenden Gesängen seinen mythischen Vorfahren Bagwazu anruft, gleichsam den Ur-Schamanen seines Volkes, von dem alle späteren Heiler ihr Heilwissen und ihre Heilkraft beziehen. Nach Einnahme seines »Medikamentes« *Avule*, eines starken Halluzinogens, welches nur von Eingeweihten verwendet werden darf, aktiviert er durch seinen Tanz seine hellseherischen Fähigkeiten.

Diese Fähigkeiten gehen von einem spezifischen mystischen Organ namens *Mangu* in der Bauchgegend aus, vergleichbar mit dem Sitz des dritten Chakras. Äußerlich hat Bagu diese Stelle oberhalb des Nabels mit einer schwarzen Substanz markiert, die ebenfalls eine starke »Medizin« enthält. Der tanzende *Binza Avule* gleicht während seiner Bewegungen einem kompletten mystischen Orchester: mit eisernen Schellen in den Händen ruft er seine Schutzgeister, die schließlich aus den Rasseln und Holzglocken sprechen, die er um die Hüften gebunden hat.

Viele Krankheiten und Lebensprobleme, denen durch eine Behandlung mit den Mitteln der modernen Schulmedizin nur beschränkt oder gar nicht begegnet werden kann, lassen sich, nach den Aussagen der meisten Azande, durch die traditionelle Behandlung dcs *Binza Avule* effektiver bekämpfen. Eine gründliche Analyse der Struktur dieses rituellen Trance-Tanzes läßt uns auch ganz klar die zugrundeliegenden Wirkprinzipien erkennen.

Der tanzende *Binza Avule* fungiert während seines Tanzes in erster Linie als Wahrsager. Erst in zweiter Linie wirkt er als Krankenheiler: Seine Aufgabe als Wahrsager besteht darin, die Hexenkraft *Mangu* zu lokalisieren. Dabei muß er einerseits die durch das *Mangu*

Von der Kommunikation mit Trommeln im Bauch: *Diese Zande-Zeichnung zeigt einen großen Hexer mit Trommeln im Bauch und »Medizin«-Töpfen in den Händen. Trommeln und Blattmedizin – dies ist der Treibstoff, mit dem die Hexer des Nachts auf Reisen gehen und zum Hexensabbat fliegen. Aber auch der »Hexendoktor« verwendet beides während seiner Heil-Seance.*

Die drei Hauptakteure einer Heilseance:

- *Der Heiler* **Binza Avule***: Er tanzt in Trance. Seine Berufskleidung besteht aus einem großen Federhut, magischen Pfeifen rund um Hals und Arme, einen mit zahlreichen Blättern besetzten Bastschurz, sowie eisernen Rasseln in seinen Händen.*
- *Der Hexer* **Boro Mangu***: Er läßt seine Hexenkraft* **Mangu** *– immer rot dargestellt – seinem Munde entströmen. In seinen Händen hält er kleine Medizintöpfe, gefüllt mit »Hexensalben« und dem während der nächtlichen orgiastischen Gelage geraubten Menschenfleisch kawa.*
- *Der Patient: Er liegt auf einer Matte am Boden und wird von einem Familienmitglied betreut. Er leidet an heftigen Schmerzen, die durch den Beschuß mittels* **Mangu**-*Krankheitsprojektilen verursacht wurden.*
- *Neben den drei Hauptakteuren, die alle* **Mangu** *in unterschiedlicher Qualität besitzen, spielen Trommeln eine große Rolle. Jedem der Hauptakteure ist eine Trommel gleichsam als Sprachrohr zugeordnet.*

des Hexers im Körper steckenden Krankheitsprojektile des Verhexten ausfindig machen. Andererseits obliegt es ihm, den schuldigen Hexer zu entdecken. Sein Tanz, bei dem er immer wieder in Trance fällt und dabei hellsichtig wird, verleiht ihm die Fähigkeit, beides zu vollbringen.

Seine Aufgabe als Krankenheiler besteht darin, die »mystischen« Krankheitsprojektile, welche der Heilung der Krankheit im Wege stehen, aus dem Körper der verhexten Person zu entfernen und anschließend die »natürlichen« Symptome der Krankheit mittels seiner Medikamente zu behandeln.

Diese »Operation ohne Öffnung des Körpers« wird von den Azande *BaBaHe* genannt, was sinngemäß bedeutet: etwas wegwerfen, was in den Körper einer Person hineingeworfen wurde. Bei dieser Operation massiert der *Binza Avule* mit ganz charakteristischen kräftigen Handbewegungen diejenige Stelle des Körpers, an der die verhexte Person Schmerz empfindet, bis schließlich mehrere kleine Objekte zum Vorschein kommen.

Avule-Heilritual: *Diese von einem Mitglied der Azande-Gesellschaft angefertigte Zeichnung kann geradezu als Modell des Avule-Heilrituals dienen, indem sie eine klare Vorstellung seiner Struktur und essentiellen Komponenten vermittelt. Der Binza Avule (rechts), der Hexer (links) und der Patient (unten).*

Es können dies kleine Knochenstücke oder andere Gegenstände sein, welche symbolisch die eigentliche Ursache für die Erkrankung darstellen und auf einen bestehenden Konflikt zwischen Hexer und Verhexten hindeuten, dem eine Verletzung gegenseitiger gesellschaftlicher Verpflichtungen vorangegangen ist. Im Trance-Tanz des Binza Avule wird dieser soziale Konflikt in Verbindung mit den Krankheitsprojektilen seherisch wahrgenommen, tiefenpsychologisch analysiert und schließlich psychodramatisch dargestellt.

Wir haben es hier mit einem ganzheitlich orientierten medizinischen Ansatz zu tun, der die Krankheit bereits in ihrem Ursprung zu erfassen versucht und dabei größtes Augenmerk auf die letztendliche Verursachung im sozialen und spirituellen Umfeld des Patienten legt. Durch die Veröffentlichung dieses Sachverhaltes während des getanzten Psychodramas werden bei den betroffenen Akteuren Verhaltenskorrekturen bewirkt, die in Zukunft derartige Konflikte vermeiden helfen.

Dadurch wird aber auch zusätzlich das Ethos der gegenseitigen zwischenmenschlichen Verpflichtungen in der Gemeinschaft immer wieder erneuert. In diesem Sinne hat der Tanz des Binza Avule für alle anwesenden Personen zusätzlich zur konkret am Patienten vollzogenen psycho-sozialen Therapie eine bedeutende gemeinschaftsstabilisierende und damit auch Vorsorgefunktion für die Gesundheit zu erfüllen.

Dramatischer Höhepunkt des Trance-Tanzes des *Binza Avule* ist seine Metamorphose in andere Seinsformen. Er bekräftigt immer wieder, daß er seine gesamte Heilkraft von dieser spirituellen Lebensgemeinschaft mit wilden Tieren bezieht. Mit seiner Verwandlung zum Leoparden während der psychodramatischen Heil-Seance stellt er mittels seines leiblichen Körpers öffentlich dar, was ansonsten nur im mystischen Bereich der Hexerei rituell vollzogen wird.

Sprechende Trommeln und visionäres Erleben:

Von der Schamanentrommel wissen wir, daß ihr Klang und ihr Rhythmus das Bewußtsein verändert, und daß sie selbst damit auf ihre kosmischen Reisen gehen. Die spezifische Frequenz ihres Trommelspiels hat ca. sieben Pulse pro Sekunde bzw. sieben Hertz und ruft im menschlichen Gehirn die damit einhergehenden Theta-Wellen hervor, die beim Neurologen mittels Elektro-Encephalogrammen aufgezeichnet werden können. Während durchschnittliche Menschen diese Gehirnaktivität als Schlaf erleben, verändert sich die schamanische Wahrnehmung dabei in visionäres Erleben. Auch die sprechenden Trommeln, die den Tanz des Binza Avule begleiten, können eine dramatische Bewußtseinsveränderung bis hin zur Tierverwandlung bewirken. Sie kommunizieren bestimmte Wörter und Formeln, die zusätzlich zur rhythmischen Einwirkung auf die neuronalen Prozesse auch auf der Verstandesebene das bildhafte Erleben steuern.

»Tief in Dir bist Du, oh Mensch, der Gott als Baum, als Stein, als Tier«. Der als Baum tanzende Heiler **Binza Avule** *in Tierverwandlung.*

Diese in der Regel für außenstehende Personen nicht sinnlich wahrnehmbaren Bewußtseinsprozesse wurden uns etwa wie folgt beschrieben:

»Bei uns gibt es zweierlei Arten von Menschen: solche, die keine mystische Veranlagung haben – und andere, die die Fähigkeit besitzen, mit ihrer Hexenkraft aus dem Körper auszutreten und sich in wilde Tiere zu verwandeln. Wenn die Hexenkraft dieser Menschen aus ihrem Munde austritt, dann kann eine Feuerflamme gesehen werden, die wie ein flackernder Feuerball durch die Luft fliegt.

Im Bauche dieser Menschen mit mystischen Fähigkeiten befindet sich ein spezifisches Organ, welches verschiedene Dinge, wie z.B. Trommeln oder magische Tiere wie Schlangen und Kröten beherbergt, mittels derer sie sich mit anderen Menschen und Tieren verständigen. Wenn diese Trommeln im Bauche um Mitternacht geschlagen werden, eilen alle Menschen mit mystischen Fähigkeiten mittels ihrer Hexenkraft zu ihrem gemeinsamen Tanzplatz. Dort tanzen sie so lange, bis sich jeder von ihnen in ein wildes Tier verwandelt hat – genauso wie auch der Körper des tanzenden Krankenheilers nach dreimaliger Verwandlung die Gestalt von wilden Tieren annimmt. Nach diesem Tanzgelage kehren sie mit ihrer Hexenkraft wieder gestärkt in ihre schlafenden Körper zurück.«

III. Energetisieren – Spirituelle Arbeit mit dem sechsten Sinn

Wir haben nicht nur unsere fünf Sinne, mit denen wir sehen, hören, riechen, schmecken, tasten – also die Welt rund um uns herum wahrnehmen. Die Erfahrungen von Heilern aller Kontinente zeigen, daß der Mensch potentiell auch mit einem sechsten Sinn ausgestattet ist, den wir als den energetischen Sinn bezeichnen könnten.

Gerade er ist es, der für uns Menschen die Welt der spirituellen Energien erfahrbar macht, von denen wir einen Gutteil unserer Selbstheilungskräfte beziehen. Diese Energien haben weltweit unterschiedliche Namen, und Heiler haben seit Urzeiten hunderte Möglichkeiten entwickelt, sie therapeutisch nutzbar zu machen.

Die Präsenz des Augenblicks – Heilen mit der Kraft des Donnergottes SHANGO in der Karibik

Die dritte Station unserer Reise zu den heilenden Ritualen der Menschheit führt uns in die Neue Welt, auf die karibischen Inseln. Von Menschen afrikanischer Abstammung werden dort vielerorts Opferrituale durchgeführt, bei denen immer wieder die Grenzen zwischen Menschen und Göttern aufgehoben werden. Doch den Göttern begegnen nur diejenigen, die ihre Stimmen zu hören verstehen, wenn sie der Präsenz verdichteter Energien ausgesetzt sind.

Ihre Entladung markiert dramatisch den Akt der Kreation – den Eintritt des Göttlichen in die Welt der Menschen. »Momente der Wahrheit« – aktualisiert im Gewitter wie im Ritual für *Shango,* den bedeutendsten Blitz- und Donnergott von Afro-Amerikanern.

Die Explosion der Leidenschaft – das Leben lieben, nicht nur leben: *Der Tanz des Blitz- und Donnergottes Shango mit seinem Emblem, der Doppelaxt, im Rahmen einer afro-kubanischen Nacht – eine Party für die Götter, ein Feuerwerk der Sinne.*

Als Meister der Transformation erinnert uns diese mythologische Figur nicht nur an traditionelle schamanische Betätigungen. Vielmehr tritt uns *Shango* heute in der Postmoderne als äußerst komplexe metaphysische Gestalt der Macht, Kraft und Energie entgegen, welche zunehmend die Inspirationsgrundlage für kreative Betätigungen auf dem Gebiet der darstellenden und der bildenden Künste und vor allem der therapeutischen Praxis bildet. Seine Farbe ist Rot und repräsentiert die spirituelle Energie der Transformation. Als Meister des Feuers und der Hitze steht er in der Moderne auch symbolisch für die elektrische Energie. Deshalb führen mehrere Elektrizitätsgesellschaften in afrikanischen Staaten sein Logo.

Physische Materialisationen dieser göttlichen Energie bilden die sogenannten »Donner-Steine«, denen sowohl beschützende als auch heilende Eigenschaften zugeschrieben werden. Diese kraftgeladenen Steine stellen die kürzeste Verbindung zwischen den Menschen und den himmlischen Mächten dar. Denn sie wurden von dort mit Blitz und Donner oder auch als Meteoritengestein auf die Erde geschleudert.

Wenn die Menschen nun ihre Anliegen an die Götter herantragen wollen, so bedienen sie sich im Ritual dieser *Shango*-Steine. Sie werden gewöhnlich in kleinen Schreinen in den Häusern aufbewahrt. Wenn Bedarf nach Stärkung der gesundheitlichen Konstitution gegeben ist, werden sie in einer Mixtur aus bestimmten Heilkräutern und Wasser gewaschen. Mit diesem Absud an kraftgeladenem und heilendem Wasser nehmen dann die nach Kräftigung suchenden Familienmitglieder ihr Bad.

Von Zeit zu Zeit müssen diese Donnersteine gefüttert werden, indem man sie mit Olivenöl begießt. Und mindestens einmal pro Jahr müssen sie im Rahmen eines *Shango*-Rituals neu aufgeladen werden. Dabei bilden sie das Zentrum eines auf begrenzte Zeit zu errichtenden Altars, auf dem allerlei Opfergaben und Ritualobjekte plaziert werden.

Am Höhepunkt des Rituals – im Moment der Köpfung des Opfertieres durch einen einzigen Hieb mit der Machete – tritt die segensreiche Energie *Shango's* mit Blitz und Donner in die Lebenswelt der Menschen herein und stellt ihnen die göttliche Kraft »Ashe« für ihre irdischen Angelegenheiten zur Verfügung.

Dieser Moment, in dem die umstehenden Ritualexperten ein frohlockendes »Shay« (von »Ashe« abgewandelt und verwandt mit dem »Saiiid«-Ruf des indischen Schamenen) ausrufen, wird stets mit einer Gewehrsalve markiert. Diese steht symbolisch für Blitz und Donner und wird von lauten Trommelwirbeln abgelöst. Die massiv erlebte Anwesenheit himmlischer Mächte erfüllt augenblicklich die Luft mit elektrischer Spannung, während die Ritualexperten deutlich spürbar von der Hitze der angerufenen Kraftträger und Energiegestalten durchflutet werden. Es wird gesagt, daß *Shango* auf diese Weise seine »Kinder« besuche.

Die Donnersteine, die während der Herniederkunft der durch rituelle Praxis in die Welt der Menschen hereingeholte geballte Kraft »Ashe« gleichsam »aufgeladen« werden, dürfen eine

Die Kraft der Donner-Steine zum Heilen nutzen: *Shango-Steine mit Heil-Farnen am Kélé-Zeremonienplatz in St. Lucia/Karibik. Durch das alljährliche Ritual werden sie mit der Kraft des Donnergottes geladen und können von nun an für Heilzwecke verwendet werden.*

Woche lang von niemandem berührt werden. Denn sie seien angeblich noch »zu heiß« für Menschenhand. Erst am Sonntag danach werden sie in einer eigenen Zeremonie vom Hohepriester wieder vom Altar aufgehoben und an ihre jeweiligen Besitzer zurückgegeben.

Nunmehr können sie wieder für Heilzwecke verwendet werden. Doch sie müssen mindestens einmal im Jahr durch ein neues Opfer-Ritual für *Shango* neu aufgeladen werden, damit ihre Heilkraft erhalten bleibt und ihr unsichtbares energetisches »Fluidum« sich segensreich auf die Menschen übertragen kann.

Shango tritt uns auch in der Mythologie als Herr des Feuers, der Hitze und der Energie entgegen. Seine magische Kraft, rituell Feuer hervorzurufen, das dann als Flamme aus seinem Munde schoß, erbte er angeblich von einem Schamanen. Und eindeutig schamanische Züge tragen auch die zahlreichen Erzählungen über *Shango's* Tod. Demnach sei er dieses kleinen

Lebens hier auf Erden überdrüssig gewesen und stieg entlang zweier goldener Ketten kraft seiner starken Medizin zum Himmel empor. Als Meister der Transformation vom Menschlichen zum Göttlichen steht er nunmehr symbolisch für die Verbindung dieser beiden Welten.

IV. Transzendieren – Der Körper als Tempel und Zentrum der Welt: das Leben heiligen und heilen

Wir sind nun fast am Ende unserer virtuellen Reise zu den heilenden Ritualen der Menschheit angelangt. Auf dieser Reise sind wir Heilern begegnet, die ihren Mitmenschen praktisches Wissen und tiefe Einblicke in die Zusammenhänge zwischen Ritual und Heilung zur Verfügung stellen – die ihr Leben nicht nur mit Sinn, sondern auch mit Sinnlichkeit erfüllen.

Nun liegt es aber an jedem einzelnen von uns, diese Reise zum Heilwissen der Menschheit in unserem eigenen Körper zu Ende zu führen. Die Inspirationen, die wir von dieser Reise mitgenommen haben, können nun ihre eigene Dynamik entwickeln und danach drängen, in unseren Körpern umgesetzt zu werden. Die Ernte unseres erworbenen Wissens will nun eingebracht werden. Denn Wissen ohne stete Übung ist wie ein Baum ohne Früchte.

Jedes Ritual ist ein Kunstwerk, ja sogar ein Gesamtkunstwerk schlechthin, weil alle sechs Sinne des Menschen beteiligt sind. Und so wie jedes echte Kunstwerk – ganz gleich wo in der Welt es kreiert wurde – eine Botschaft für alle Menschen in sich trägt, genauso haben heilende Rituale Botschaften an Körper, Geist und Seele mitzuteilen. Sie verbinden die Sinne in uns – und sie verbinden uns mit dem Über-Sinnlichen. Sie machen ganz – sie machen heil.

Rituale führen uns zum Zentrum der Welt, unserer Welt, zu uns selbst. Wenn wir im Ritual den Raum und die Zeit heiligen, dann verwandeln wir unseren Körper in einen Tempel – und unser profanes Ich in ein göttliches Ich. Dann wohnt in uns die göttliche Schwingung, die unser Leben ganz macht und heil macht. Und selbst, wenn dies auch nur einige winzige Augenblicke sein mögen - ähnlich wie der Blitz nur in Bruchteilen einer Sekunde die Welt erhellt - so wird doch unser gesamtes Sein durch diesen Akt der göttlichen Kreation durchflutet und aufgeladen. Mit der Kraft der Präsenz des Göttlichen in uns werden schließlich unsere eigenen Selbstheilungskräfte aktiviert.

»Achte auf alles, was Herz und Sinn hat«.

Der Körper als Tempel und Zentrum der Welt: *Rastas in der Karibik rauchen das »heilige Kraut« als Sakrament für Jah und »for the Healing of the Nation«.*

Balancieren

von Wittigo Keller

Leben heißt Er-leben und Leben = (ist gleich) Energie. Einbezogen in ein kosmisches Ganzes und Teil unserer umgebenden Natur sind wir – die Menschen – als Lebewesen des Schwingens zu betrachten, ähnlich einem Sender und Empfänger, der die einzelnen »Welten«-Ebenen verbindet.

I. Proportion und Gleichgewicht

Energie – sie als Lebensessenz zu fördern und in entsprechend notwendigen Proportionen zu erhalten, war jahrtausendealtes Anliegen der unterschiedlichsten Kulturen. Fernöstliche Philosophie-Konzepte und traditionelle Gesellschaften, sogenannte Naturvölker, haben das Wissen und die Methoden dazu teils bis heute bewahren können. Hyperzivilisierte Gesellschaften dagegen, mit ihrem egozentrisch alles bestimmenden Machtanspruch, den betonierten Großraum-Metropolen und einem maßlosen Materiendenken, gingen den Weg des Plünderers.

Ein Fortschritt am Ende? Oder nur das eher traurige Ergebnis einer Frage von Einstellung, Wertigkeit und Respekt den großen, den wichtigen »Dingen« gegenüber, die so unwesentlich geworden sind?

Da wäre für Pessimisten viel Platz geboten, wenn es nicht die große Sehnsucht nach einer neuen Dimension all derer gäbe, die in ihrem Innersten irritiert sein müssen. Die Qualität der Zeit scheint reif zu werden für den Beginn von Neuordnung, herauszutreten aus dem eingefahrenen Maschinen-Mechanismus, um wieder Mensch sein zu dürfen: Er-leben statt nur leben.

Gleichzeitig eins zu werden mit den Kräften, die – wenn sie fließen – Körper, Geist und Seele(n) »gesund« erhalten. Spätestens dann ist auch die Lebensfreude zurückgekehrt.

Es wird ein Wettlauf mit der Zeit, um uns den uralten universell wirksamen Weisheiten zuzuwenden, die uns helfen könnten,

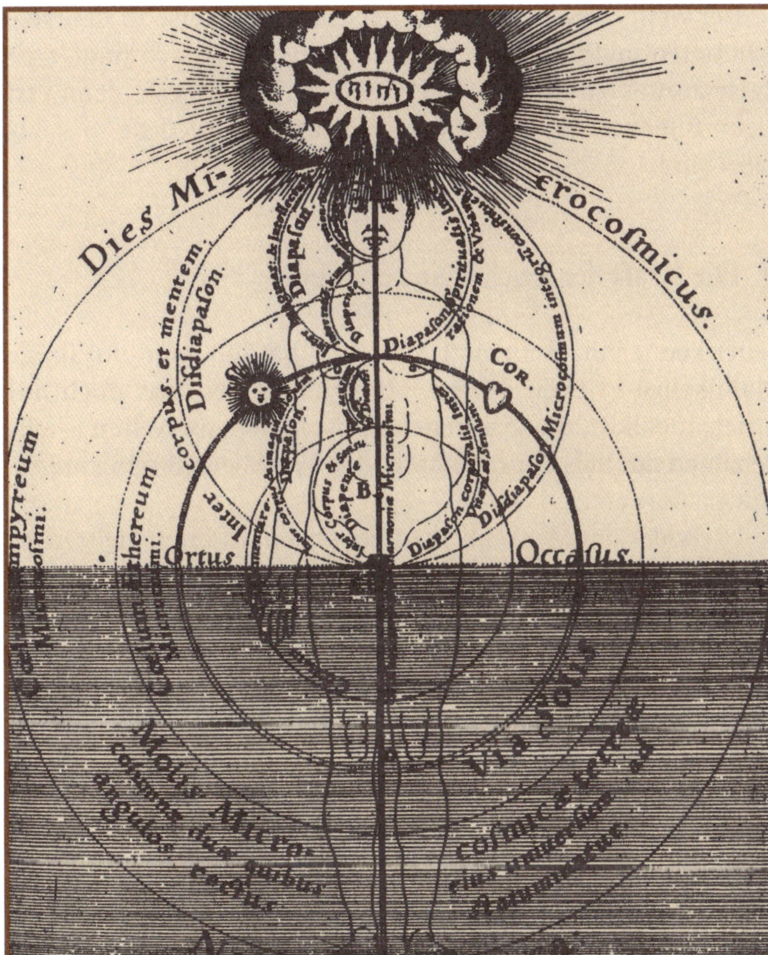

Der Mensch selbst (Körper-Geist-Seele) als »Himmelsleiter« inmitten einer alles durchdringenden kosmischen Schwingung. Illustration zu Robert Fludd's philosophischen Schriften, 1619.

das Gleichgewicht Natur – Mensch ein wenig wiederherzustellen, bevor sich unsere Mutter Erde von selbst zu reinigen beginnt...

Der weite Weg dorthin ist gleichsam eine Reise zu den verschütteten mythischen Strukturen, die jeder in sich trägt, eine Reise zurück zu Bildern, bevor es Worte dafür gab, denn erst wenn Bilder leben, entsteht ein Bild-Erleben: weil sie so »heilsam« sind.

II. Die Kraft der Zeichen und Symbole

Jeder kennt ihn, »seinen« Traum, und hat ihn wohl unzählige Male selbst erleben dürfen. Meist gelingt es aber doch nur bruchstückhaft, die gesehenen »verschobenen« Welten – teils faszinierend, teils alptraumhaft – ins Wachbewußtsein zurückzutransportieren.

Ur-Bilder der Menschheit *(Archetypen),* in ihren vielschichtigen Symbolen, sind da hochgekommen. Unfaßbar in ihren Zusammenhängen, vielleicht auch unerklärbar, wenn man nur versucht, sich ihnen auf rein analytischem Weg annähern zu wollen, denn sie reflektieren den unerschöpflichen »Bilderkatalog« der weiten Tiefen menschlich unterbewußter Ebenen.

Ihre Botschaft ist die der Wirksamkeit auf unsere Psyche, weswegen sie in Mythos, Religion/Kult, Ritual und Kunst unverzichtbar ihren Einsatz finden. Ob allgemeinzugänglich, spektakulär oder nur bestimmten Kultspezialisten vorbehalten, sie entwickeln dort in jedem Fall eine energetisch-visuelle Sprache, die den Zustand des Ergriffenseins miteinschließt und aus dem Verstehen-Wollen ein innerliches Erfahren-Können möglich macht: Pupillenöffnung, Verdichtung und therapeutisches Medium.

Zeichen

Visuelle, verbale oder gestische Mitteilungen mit direkter konkreter Aussage zum Zweck der Kommunikation, als leicht erkennbare Spiegelung unserer umgebenden Umwelt.

Den Ansatz dazu schafft schon die «Bauweise« des menschlichen Gehirns. Ähnlich dem dualistischen Gedanken des *Yin-Yang,* zu sehen als Bild untrennbarer Einheit und wechselseitiger Ergänzung gegensätzlicher Pole in einem ausgewogenen Verhältnis – dies entspricht etwa dem Zustand von »gesund«, da von nichts zuviel und nichts zuwenig vorhanden ist – zeigt sich auch unsere linke und rechte Gehirnhälfte jeweils für ganz spezifische Bereiche konzipiert und einsetzbar.

Symbol

Botschaft mit tieferen zusätzlichen Bedeutungsebenen, die als Verbindung zu unserer inneren Welt (psychisch sowie spirituell) gedacht ist, und über Assoziation, Meditation und ähnliche Techniken aufschlüsselbar wird.

Obgleich die Fähigkeit zur Befreiung der schöpferischen Kräfte – Intuition, Ganzheitlichkeit und »Neues Denken« – als allgemein menschliche Qualität der rechten Hälfte zuzuordnen ist, wird sie von einer linearen und analytisch-logisch orientierten Richtung westlicher Kulturen immer noch als untergeordnet und unwesentlich betrachtet.

Der Kreis als Symbol immerwährender Bewegung und der Einheit allen Seins • Das chinesische Yin-Yang, Prinzip der entgegengesetzten Energien. Yin: Verkörperung des Weiblichen, das Dunkle, Aufnehmende, die Kraft der Erde; Yang: Verkörperung des Männlichen, das Helle, Treibende, die Essenz des Himmels • Moderne Interpretation der Gegensätzlichkeit, aber gleichzeitig notwendigen Verbindung von Wurzel/Pflanze/Baum, wie sie in der Makrobiotik eine Rolle spielt. (Logo v. Harmony Foods, London)

Wenn wir aber lernen, zwischen diesen beiden Hemisphären hin und her zu pendeln bzw. sie in einer ganz bestimmten Proportion gleichzeitig zu benutzen *(Lateralisationseffekt)*, wird es uns mit Hilfe trance-induzierender Methoden gelingen, in Dimensionen vorzustoßen, die sich als außergewöhnliche Bewußtseinszustände einer tief erlebbaren »nichtalltäglichen Wirklichkeit« repräsentieren.

Der Traum des Schlafenden hat sich in eine Realität des Wachseins verwandelt, um die Welten zu vereinigen: Die innere und die äußere Bilderwelt, eingekleidet in Symbole, die zugleich Brücke sind zwischen unsichtbarer – mental erfahrbarer – und sichtbarer – geistig erfaßbarer – Welt.

III. Orte der Begegnung

Das Ganze ist in jedem einzelnen Teil zu sehen und andererseits – in ständig gegenseitiger Abhängigkeit – jeder Teil im Ganzen, oder anders ausgedrückt: Alles ist lebendig, alles um uns ist beseelt. Eine solche Sichtweise charakterisiert die der schamanisch orientierten Gesellschaften gleichwie den Großteil schwarzafrikanischer bzw. afro-karibischer Glaubenskonzepte, etwa den des *VooDoo*-Kults.

Bei mehrheitlich ähnlichen Grundvoraussetzungen und Handlungsweisen sollten wir doch etwas differenzieren, was den »Heilaspekt« betrifft. Alleine schon die »Reiserichtung« gibt sich da konträr. Während sich Schamanen zu ihren Geistern ins innere Universum – in sich selbst – hin bewegen, holt sie der *VooDoo*-Gläubige an ganz bestimmten Plätzen zu sich herab...

Uranliegen in der Entwicklungsgeschichte des traditionell naturnahen Menschen war und bleibt der Versuch, einen direkten Kontakt als Interaktion und Kommunikation mit den »Vertretern« der übernatürlichen Welten herstellen zu müssen. Denn aus der Sicht eines derart religiös/magisch orientierten Weltbildes, das wir längst überwunden zu haben scheinen, wird jegliche Ursache von Bedrohung – insbesonders auch der von

Krankheit – in Unnatürlichem, in Form von »Eindringendem« gesehen: böse Geister, böser Zauber. Dadurch wird das Gleichgewicht gestört oder gar zerstört.

Die Regulierung obliegt den jeweiligen Kultspezialisten und dafür wurden unzählige Metaphern für einen Zu- und Übertritt in den metaphysischen Bereich geschaffen.

Der Baum

Ein solches Schlüsselsymbol, Natur und Universum gleichsam repräsentierend, ist das des Baumes. Auch wir könnten immer noch von ihnen, den Bäumen, lernen: Als Medizin-Menschen des Pflanzenreichs, als Quelle des Lebens-Saftes und dem Sinnbild für das Goldene Zeitalter mit der ewig leisen Sehnsucht nach dem verlorengegangenen Paradies. Die Blätter liefern »gesunde Arznei«, und aus dem Stamm entstehen die Trommeln, der vitale Herzschlag ganzer Kulturen.

Der Baum als androgynes (doppelgeschlechtliches) Ureltern-paar der Natur repräsentiert deren Kreislauf von Ganzheit und Gesamtheit als männlich gedachter Vater Stamm, der tief im Schoß der Mutter Erde ruht und mit ihr verwurzelt ist.

In einer solch engen Zweisamkeit entwickelt sich die Pracht

Yggdrasil, die Weltenesche nordischer Mythologie: Der Baum als umfassende Metapher für Langlebigkeit sowie Durchdringung und Verbindung des Universums der drei Ebenen: Die Erde/Menschenwelt/Gegenwart als Mittelpunkt zwischen den Wurzeln der Unterwelt/Vergangenheit und den Baumkronen der Oberwelt/Zukunft. Auf der Erde zeigt sich ouroboros, die sich in den Schwanz beißende Schlange als ewiger Kreis und Urbild des Schöpferischen.

Erde, Paradies und Hölle des haitianischen Malers Préfète Duffaut. Nach seiner Interpretation liegt es am Menschen selbst, Himmel oder Hölle zu wählen.

und Fülle der in den Rhythmen des Lebens und der Jahreszeiten wandelbaren Blätterkrone: Wachsen – Vergehen – Ruhen – Wiederkommen.

Der Baum wird so zum natürlichsten Gesamtkunstwerk, zum Ur-Bild der Verwandlung und der Möglichkeit, zwischen den Weltenebenen hin- und herzusteigen – für die Götter des Himmels, wie auch die Seelen der Irdischen: Weltenachse *(axis mundi)*, absolutes Zentrum, Nabel der Welt, betrachtet als kosmisches Gleichgewicht. Und der Mensch steht mittendrin, wird selbst zum Baum.

VooDoo-Kult

Das Bild vom Baum durchdringt auch wie ein roter Faden den *VooDoo*-Kult. Das Wort bedeutet Geistwesen *(vodun)* oder aber Hineinsehen in das Unbekannte *(vo-du)* und steht für die Gesamtheit einer ursprünglich in Westafrika entstandenen und über den kolonialen Sklavenhandel in die Karibik deportierten rituellen Praxis. Allerdings weitab der sensationslüsternen und klischeehaft-verzerrten Allgemeinvorstellung vom magisch Bösen, wie etwa Zombis, Ekstase-Orgien und Nadelpuppen, wenngleich ein kreolisches Sprichwort besagt, daß das Böse existiert und allgegenwärtig sei.

Ähnlich dem Werwolf- und Vampir-Gedanken durchstreifen gefährliche Dämonen die Nacht, immer auf der Suche nach ihren Opfern. Haitianische Plastik aus gestanztem Blech rostiger Ölfässer, dem Müll der Zivilisationsgesellschaften.

Daher wird es notwendig, auch im »dunklen« Metier agieren zu müssen, um solch gewaltigen Mächten zu entgegnen, denn eine kategorische Trennlinie der Magie – einer »weißen«, einer »schwarzen« – gibt es nicht. Hier wird mit ein und derselben

Kraft gearbeitet, mit dem einzigen Unterschied, daß lediglich das Vorhaben, das Ziel ein anderes ist: Schädigen/Töten oder aber Nützen/Heilen, zwei konträre Momente eines untrennbaren Ganzen.

Dadurch erzeugt *VooDoo* Furcht, führt aber gleichzeitig zu Hoffnung. *VooDoo* wird zum permanenten Gegenspiel der Kräfte und zu einem der lebendigsten erlebnishaften Kulte unserer Zeit, der Verhalten und Verhältnis zwischen Mensch und der Welt der Götter, Ahnengeister und personifizierten Mächte fortwährend gestalten muß.

VooDoo zeigt sich als kosmologische Gesamtschau, eine Art zu leben, vor allem zu überleben für die Nachkommen der Sklaven, in alle Winde zerstreut und entheimatet. Für sie wird der Glaube zu einer lebensbestimmenden Suche nach ihrer verwandtschaftlich-spirituellen Wurzel, die sie mehr denn je mit ihrer nie erlebten »Urheimat« ideel verbinden soll.

Tap-Tap, das typische haitianische Massenbeförderungsmittel, bemalt mit der VooDoo-Göttin Erzulie, die mit der Hl. Jungfrau Maria gleichgesetzt wird (Symbol für Frau-Mutter-Geliebte). Das rituelle Motiv verwandelt das öffentliche »Taxi« zum fahrbaren Fetisch mit

Haitianische VooDoo-Zeremonie im Freien, ein einziges Fest mit der metaphysischen Welt. Im Zentrum die Bodenzeichnungen (Ve-Ve), die dazu dienen, die eingeladenen Gottheiten zu identifizieren bzw. sie sogar herbeizwingen zu können.

Die Kraft des Kults liegt vor allem auch darin, ein eher menschenunwürdiges Leben – ähnlich der durch die Mission auferlegten Vorstellung von »Hölle« – in ein imaginäres Paradies auf Erden umwandeln zu können. Dies bedeutet die Vermischung der Welten, Balance zu halten zwischen der Ebene Alltagswirklichkeit und der Sphäre ihrer übernatürlich-ambivalenten Wesen, gedacht als Vielzahl menschenähnlicher Geschöpfe und symbolisiert durch bestimmte zugeordnete Charaktereigenschaften/Tugenden oder als Naturkräfte selbst. Vor allem auf Haiti werden sie in ein synkretistisches Vorstellungsbild eingekleidet: Da zeigen sich dann die alten afrikanischen Götter mit den Attributen christlicher Ikonographie und durchdringen, überall stets gegenwärtig, den gesamten Lebensraum.

Die *VooDoo*-PriesterInnen als oberste Kultvertreter sind vielleicht weniger als solche, sondern eher im Sinne von »Papa und Mama« für die Gemeinschaft zu betrachten. Sie werden zu den weisen Beratern, Führern und Lehrern des Geheimnisvollen, zu Orakelstellern, »Blatt«-Medizinern *(Phytotherapie)*, Heilern und Künstlern: eine Art »soziales Regulans« im Alltäglichen und Dirigenten der Interaktion Menschen/Götter im Rituellen.

Hier finden sich auch die nie versiegenden Quellen der visuellen Ausdrucksformen erlebbar gemachter Phantasie. Eine ganze Insel voll von »Künstlern«.

Die zeremonielle Verehrung geschieht gemeinsam (kollektiv), und genau hier wird dem Gläubigen jene Dimension erteilt, die ihm die kolonialen Herren einst weggenommen haben: Mitglied einer Gemeinschaft zu sein, einer ganzheitlichen, der der Menschen und der der Götter.

Dies vollzieht sich an besonderen, an »heiligen« Orten. Ob beim natürlichen Baum unter freiem Himmel oder im künstlich errichteten Tempel, die Erde wird in jedem Fall zum Mittler, zum Altar.

Wenn dann in der Zeremonie die Götter eingeladen werden, bewirtet mit Lieblingsspeise und -getränk, besungen und betanzt, beginnt zunehmend die Verwandlung. Da wird der Tanz zur Trance, die Trance zur Transformation und zur Besessenheit: Und während ein Christ in die Kirche geht, um zu seinem Gott zu beten, tanzt der *VooDoo*-Gläubige in seinem Tempel, um Gott zu werden. Damit übernimmt die Zeremonie die Rolle einer Heil(s)-Idee.

IV. Kraftplatz, Fetisch, Kraftobjekt

Ein *VooDoo*-Tempel fungiert als Mitte des Zentrierens und zeigt sich im Innern als »ritueller Raum« mit ganz bestimmten Eigenschaften. Er wird zur geliebten alten Heimat Afrikas, deren Stellenwert er vertritt, zum Ruheplatz für Gott und Mensch auch außerhalb der Zeremonie. Er wandelt sich zum heiligen und heilenden »Reservat«, geweiht und beopfert in bestimmten Zyklen eines unentwegten Geben-Nehmens zur Umverteilung

RÉSERVE SPÉCIALE
RHUM
Barbancourt
HAITI

von Energie und Kraft: Symbiose und Potenzierung auf allen Ebenen.

Sein Konzept teilt sich in Räume für die jeweils zugehörigen Schutzgottheiten mit ihren Altären und ganz persönlichen Ritualobjekten *(Paraphernalia)* und dem quadratischen Tanzplatz für die »Götter-Feste«, in dessen Mitte jene Säule steht, die als Eingangstor und Symbol der »Himmelsleiter« angesehen wird (*poteau mitan,* Bild S. 113 links oben).

Die Säule, als vertikale Achse der metaphysischen Ebenen, ist der Baum, auf dem sich die spiralförmig windende Weltenschlange dreht und einer Treppe gleicht (vgl. Bild S. 108). Die Erde – als horizontale Achse und Grenzlinie zum Sterblichen – ist der Malgrund für die rituellen Bodenzeichnungen *(Ve-Ve).* Sie beide bilden so ein Kreuz als Schnittpunkt der Welten und Zugang zum Göttlichen. Dadurch wird das »Kreuz zur Kreuzung«, zum kosmischen Spiegel und zum wichtigsten Symbol, um das sich alles dreht.

Wer etwas zu verteilen, zu geben hat, wird sicherlich verwöhnt und braucht selbst Kraft. Das gilt auch für Haiti´s »Götterwelt« *(loa, mystères).* Aus diesem guten Grund muß der Appetit ihrer Vertreter beim Opferfest gefördert werden. Ganz besondere und spezielle Geschenke dafür sind die »Essenzen« in den rituellen Flaschen (Bild S. 113 links unten). Als Ausgangsmaterial dienen vorwiegend die leergetrunkenen Rum-Sorten landeseigener Produktion *(Barbancourt),* um erst das Volk zu benebeln und später die Gottheiten zu beleben.

Ritual-Rassel des VooDoo-Kults, dargestellt als akustisches Prinzip der Welten-Schlange

In minutiöser Kleinarbeit werden diese mit Stoff und Pailletten – runde grellfarbige Plättchen mit einer Glasperle in der Mitte – den jeweiligen Insignien entsprechend kreiert, denn jeder *loa* trägt seine spezifischen Farben und Erkennungszeichen, inclusive Lieblingsgetränk.

Rituelle Bodenzeichnung (Ve-Ve) von Damballah (männlicher) und Ayda-Wedo (weiblicher) Weltenschlange

Zusammen mit den Trommeln und der Rassel dirigieren sie dann die Rhythmik des Geschehens im Ablauf der Zeremonie. Die Trommeln mit ihrem durchdringend hypnotischen Sound – je nach Kulttypus in 2er oder 3er Gruppierung – verkörpern dadurch selbst das »Familien-System« (*manman, grondé, bébé,* Abb S. 113 rechts oben).

Die essentielle Rassel *(asson)* dagegen spiegelt das Prinzip der androgynen Weltenschlange wider, indem es sich akustisch transformieren läßt: als Wirbelknochen der männlich gedachten Schlange im Innern der Kalebasse, die außen vom umspannenden Netz des weiblichen Schlangenregenbogens gehalten wird.

Die auffälligste Komponente des haitianischen *VooDoo*-Kults sind die Bodenzeichnungen aus gestreutem Mehl *(Ve-Ve)*. Als bildlicher Ausdruck »astraler Kräfte«, den Ahnen zugehörig, versinnbildlichen sie die Eigenschaften und Identität jeweils ganz bestimmter Gottheiten, die während der Zeremonie zum Gläubigen herabsteigen sollen. Ähnlich dem heraldischen System (Wappenkunde), in dem jedes winzige Detail seine spezifische Bedeutung hat, kann so die Komplexität der göttlichen Repräsentanten dargestellt und konkretisiert werden. Dies gewinnt vor allem dann an Bedeutung, wenn es notwendig erscheint, die *loa* in den Tempel herabzuzwingen bzw. Unverträglichkeiten untereinander zu vermeiden, denn sie gleichen ganz den Menschen. Nur so gelingt »gesunder« Energieaustausch. Durch einsetzbare zeichnerische Elemente werden sie zum Kraftobjekt, ähnlich den Fetischen.

Talisman

Objekt für Glück erhoffende und Glück bringende Wirkung alleine (Maskottchen).

Amulett

Objekt, dem magische Kräfte zugeschrieben werden, enthält bereits Beschützer-Funktion.

Fetisch

Objekt mit innewohnender Kraft bzw. Macht, die als aufladbar gedacht und durch einen Spezialisten manipulierbar eingesetzt werden kann (Konzept des sog. »Dynamismus«). Machtvollstes Mittel zur Kraftübertragung.

Fetische

Fetische, allen voran die afrikanischen, haben immer noch das Flair des Negativen, Blutdürstigen. Dabei kommt ihnen über das Religiöse die bedeutende Aufgabe der Sicherung menschlichen Glücks, vielleicht sogar des Überlebens zu, die mitunter aber abhängig macht von ihnen.

Voraussetzung für einen solchen Glauben ist die Anerkennung energetischer Kraft oder aber personifizierter Mächte, die über einen Spezialisten der »Magie« eingefangen und in rituellen Objekten, den Fetischen als Behältern, gespeichert werden können. Sie wirken dann ähnlich Batterien, die ihr Potential nur dann abzugeben vermögen, wenn sie entsprechend aufgeladen werden. Dazu bedarf es einer Aktivierung, die wiederum ihre Opfer abverlangt, ein permanenter Kreislauf (Bild S. 113 rechts unten).

Es lassen sich sogar »Opferhierarchien« feststellen, als Abstufung der Wertigkeit bestimmter Materialien und Ingredienzien, an deren oberster Stelle immer Blut als Lebenssaft zu finden ist. Für eine zusätzliche Kraftanreicherung tragen Fetische die unterschiedlichsten Anhängsel und Attribute und vertreten so den »pars pro toto« Gedanken (ein kleiner Teil steht für das Ganze): Eine einzige Feder verkörpert den ganzen Vogel, eine einzige Kralle das komplette Tier. Sie werden zum symbolischen Code, durch den gleichzeitig die charakteristischen Eigenschaften übertragen werden. Wie die ambivalenten Kräfte eines Fetisches wirken, hängt von Aufgabe und Dosierung ab, denn eine der ältesten medizinischen Parabeln lautet: »Nichts ist Gift, alles ist Gift«, es kommt einzig und allein auf die Proportion, die Dosierung an.

V. Fliegen wie ein Vogel

Schamanentum ist ursprünglich als Phänomen zu sehen, eingebettet in ein religiös-magisches Weltbild, und wird vorrangig in arktisch-eurasischen Regionen praktiziert. Im Mittelpunkt stehen die Schamanen (männliche und weibliche) als Personen selbst: Kultführer der Ekstase, der damit notwendig verbundenen Aktivitäten/Rituale und einem entsprechenden Ambiente, wie Kleidung als Ver-Kleidung, Masken zur Verwandlung und Instrumentarien für die Transformation, wobei die Trommel den wichtigsten Platz einnimmt.

Schamanentum ist aber nicht Religion als solche – institutionalisiert oder gar kontrolliert von Dogmen und ganz bewußt gehaltener Distanz des Menschen den übergeordneten »Mächten« gegenüber. Schamanentum ist vielmehr Methode, mittels raffinierter Techniken der Trance in zutiefst kosmische Erfahrungen vordringen zu können und dies in Form praktischer Erlebbarkeit.

Zentrales Moment in seiner »klassischen« Form ist das der »Reise« als wohl ältestem faßbaren Ausdruck mystischen und mythischen Erlebens überhaupt: Seelenreise, Himmelsflug, Abstieg in die Unterwelt...

Die große Aufgabe der Schamanen war es nun, mit jenen Wesen zu kommunizieren, die mit ihrer »Seele« in

Schamane bei einem Trommelritual (neuzeitliche Zeichnung der Eskimos)

Schamanische Vision, interpretierbar als Lebensbaum (Detail auf einer Ritual-Kleidung)

allen Dingen der umgebenden Natur vertreten waren und das typisch dreigeteilte Universum bewohnten: Unterwelt, Menschenwelt, Oberwelt.

Über gekonnt entwickelte und eingesetzte Methoden der Ekstase, als Veränderung des alltäglichen Bewußtseinszustandes in einen außergewöhnlichen, hatten die Schamanen die Möglichkeit, über alle Grenzen hinweg, weit jenseits des Wolkenmeeres, mit übernatürlichen Wesenheiten des Universums direkt in Kontakt zu treten. So erlebten sie ihre spirituelle Reise als real, als Teil einer – wenn auch anderen – Wirklichkeit.

Für die traditionellen Schamanen bedeutete es einen langjährigen Lernprozeß, oft über die Kapazität ihrer körperlichen und physischen Kräfte hinaus bis hin zur Selbstaufgabe und Überwindung schwerster Krankheit als Durchwanderung des Initiations-Moments. Sie waren bereit, einer symbolischen Zerstückelung durch die Geister ausgesetzt zu sein, um danach »gereinigt« und wieder neu zusammengesetzt eine mit tiefer Erfahrung andere Person geworden zu sein: Voraussetzung und Rüstzeug für die Transformation als Gratwanderung zwischen Schlaf–Traum-Tagtraum-Vision und Tod.

Eine jede solcher Reisen diente einer ganz bestimmten Absicht und einem besonderen Zweck:

- als Divination, um zukommende Dinge zu erkennen und vorauszusehen;
- als Diagnose, um Krankhaftes zu lokalisieren, und Therapie-Ansatz, um Krankseiendes zu entfernen (schamanische Extraktion in Form des Heraussaugens aus dem Körper);
- als Protektives, um Jagdglück und Fruchtbarkeit im Hinblick auf eine Überlebensgarantie zu sichern;

Der Flug des Schamanen in seiner typischen Form des »Reisens«, begleitet von den Krafttieren, die er in sich trägt (Steindruck kanadischer Eskimos)

Während Schamanen in sich selbst – weit hinters Wolkenmeer – zu reisen imstande sind, geht der allgemeine Urlaubstrend in möglichst weit entfernte exotische Regionen – die neuen Paradiese – als kurzfristige Erholung für den streßgeplagten »Körper«.

- als Klima-Beeinflussung, um Regen zu machen oder Naturkatastrophen zu verhindern;
- als Seelenreise, um ver(w)irrte Seelen zurückzubringen oder sie zu den besonderen Ruheplätzen der Toten und späteren Ahnen zu begleiten...

Der Blick dahinter: Einsicht in die lebenswichtigen und energietragenden Organe als typisch schamanische Darstellung, wie sie für Kraft-Tiere verwendet wird. (Nordaustralische Rindenmalerei im weltweit verbreiteten »Röntgenstil«)

Kraft-Tiere

Für die Lösung derart schwieriger Aufgaben hieß es nicht nur, sich mit den spirituellen Wesen zu treffen, sondern sich mit ihnen zu verbünden, sie um Hilfe zu ersuchen und auch als Helfer zu gewinnen: Hilfsgeister als eine »Verschmelzung« von Tier und Mensch, meist in Gestalt von »Kraft-Tieren« beschrieben.

Vielen traditionellen Kulturen liegt der Gedanke zugrunde, daß in frühesten Zeiten keine Grenze, kein Unterschied zwischen Tier und Mensch zu sehen war. Es konnte jeder die Gestalt des anderen annehmen und transformieren. Daher begegnen wir dem ausgeprägten Tierkult in den Mythen und Legenden. Heute dagegen können nur mehr die Schamanen diese Grenze überwinden.

Wieder zurückgekehrt in die Welt der Menschen und des Alltäglichen, lassen die Schamanen ihr Erleben und Erfahren-Haben der Gemeinschaft zukommen. Und dies in Form des »Psycho-Dramas«, einer Art überzeichneter Berichterstattung in dramatisch-darstellerischer Weise und schöpferischer Inszenierung innerhalb ganz bestimmter Rituale. Damit werden die Schamanen selbst – als die ersten kreativen Menschen überhaupt – zum Gesamtkunstwerk, und die Abhaltung der heiligen Handlung innerhalb des heiligenden Rituals wird so zur »heilenden« Aktion. Doch erst der Erfolg bei der Lösung eines angepeilten Problems wird zur Garantie der Wirklichkeit – weil Wirksamkeit – der Reise.

Heute finden sich traditionell schamanische Praktiken fast um den ganzen Erdball, wobei das Interesse und ein Wiederbeleben in dafür ganz untypischen Gesellschaften, wie etwa der westlichen, in ungeahntem Maß zu spüren ist.

Das mag vielleicht damit in Zusammenhang stehen, daß die wirksame Erfahrbarkeit über einfachste Mittel – ohne langjährige disziplinierte Auseinandersetzung, wie sie bei den meisten Meditationstechniken der Fall sein wird – ein »Aha-Erlebnis« erwirken kann, das alle Vorstellungen bei weitem übertrifft.

Neben den beiden traditionell gebräuchlichsten Instrumentarien Trommel und Rassel – durch den erzeugbaren Klang teils auch mit dem Bild für Donner und Regen symbolisiert – treffen wir gerade heute in wiederentdeckter und kulturübergreifender Sicht auf einen der wohl faszinierendsten Klangkörper, der sich zwischen natürlichster Einfachkeit und einer ungeahnten Variationsbreite der Monotonie bewegt: das Didjeridoo.

VI. Der Urton der Unendlichkeit

»Dieses Instrument gleicht einem einzigen hypnotischem Zauber: Wenn es erst einmal zu »sprechen«, zu »erzählen« beginnt, ist man geradezu überwältigt und gebannt, ihm einfach zuhören zu müssen…«

Diese sinngemäße Aussage eines weisen Mannes der Aborigines (Ureinwohner des australischen Kontinents) charakterisiert be-

Didjeridoo
Didgeridoo/Didjeridu

Von Kulturfremden (Weißen) geprägte Bezeichnung für das einzigartige Blasinstrument der Aborigines Nordaustraliens. Eigentlich eine Verballhornung als versuchte Möglichkeit, den erzeugbaren Sound verbal wiederzugeben. Je nach Territorium finden sich verschiedene einheimische Bezeichnungen, etwa Yidaki, Gurmurr…

reits das mythenbeladene und magisch wirkende Ambiente des wohl ältesten »Musikinstruments« der Welt.

Obwohl die Deutungen über dessen Ursprung und Alter weit auseinandergehen, gibt es Felszeichnungen Didjeridoo-spielender Wesen, die bis zu den Uranfängen der Menschheit zurückführen könnten und in direkter Verbindung stehen mit den sogenannten »Dreamings«, den Geschichten um die Schöpfung der Welt.

Frühe Felszeichnungen Didjeridoo-spielender Wesen (Traumzeit-Ahn und Mensch) vor etwa 20.000 Jahren

Es sind die mythischen Erzählungen der Traumzeit-Ahnen als erste Wesen überhaupt: damals, als sie auf die Erde herabstiegen, um Land und Lebewesen durch Gesang und Tanz zu gestalten, indem sie sie »erträumten«. Damals, als sie selbst menschliche Gestalt annahmen, ihre Vorstellungen an die Felsen malten und die Bilder dann mit Lebenskraft versahen, um sie zum Leben zu erwecken. Die »Seelen« solcher Bilder – die Ahnen selbst – verwandelten sich dann in die körperliche Gestalt von Bäumen, Tieren und Landschaftsformationen, die bis zum heutigen Tag Schöpfer, Mensch und Natur verbinden und das spirituelle Leben der Aborigines bestimmen.

Jeder Platz bekommt dadurch seine besondere Bedeutung, jedes Wesen seinen totemistischen Bezug, und die Geschichte selbst ist im Land verwahrt. Verliert ein Aborigine die Verbindung zu »seinem« Land, verliert er auch gleichzeitig seine Herkunft.

Zyklische Übermalungen der Felsen-Bilder galten als Wiederbelebungsritual und machten aus ihnen heilige, transformierbare und mehrdeutige, viele Ebenen vereinigende Symbole. Diese, so glaubte man, würden die Macht besitzen, den Geist und die Kraft der Ahnen einzufangen, da sie im Denken des Betrachters Veränderungen auszulösen vermögen.

So lebt die Traumzeit als erzählte Geschichte im Zeremonien-Theater *(Corroborrees)* weiter und vereinigt ursprünglich längst Vergangenes, Gegenwärtiges und noch zu Erwartendes als Zeit des zeitlos Unendlichen im Bewußtseinszustand eines besonderen Verhältnisses zur Wirklichkeit. Sie wird dadurch zu einer anderen Form des Erinnerns, weil nicht mehr zwischen mythologischer und realer Welt unterschieden wird.

Moderne Entsprechnung der »Wondjina«-Ahnen, den mundlosen Wesen mit Energie-Glorienschein (Souvenir-Erinnerungsobjekt)

Wie die Bilder, so stellt auch die »Musik« eine Verbindung zu den nicht sichtbaren energetischen Mustern der Natur her. Das Didjeridoo beginnt den Sänger als Hauptakteur der *Corroborees* zu begleiten und ihn durch die ewige Traumzeit zu führen, indem er vom gurgelnd-brummenden Ur-Ton getragen wird, einer einzigen Repräsentation der elementaren Erde.

In bestimmten Zeremonien agierte das Didjeridoo sogar als Verkörperung der Totalität der männlich/weiblichen Schöpfer-Wesen, wenn es etwa zur Regenbogenschlange transformierte, dem Sinnbild ewiger Beständigkeit durch Erneuerung (Häutung der Schlange), der Verbindung der Welten und der sexuellen Kraft der Fruchtbarkeit. Im lebensspendenden Regen und reinigendem Wasser der gewundenen Flüsse manifestiert sich die Regenbogenschlange in der Landschaft selbst...

»Nicht Schaffen nach der Natur, sondern wie die Natur« als Leitmotiv gilt bereits für die »Herstellung« von Didjeridoos: Baumstämme verschiedenster Eukalyptus-Arten werden auf natürlichste Weise einfach von Termiten (heilige *White Ants*) fein säuberlich zu einer hölzernen Röhre ausgenagt.

Es gibt auch etliche, immer wieder zitierte Stories und Versionen, die erzählen, wie das Didjeridoo vom Menschen entdeckt wurde: Da soll der Wind durch einen derart ausgehöhlten Ast geblasen haben, der ein anziehend säuselndes Geräusch vernehmbar machte, das man nur mehr nachzuahmen brauchte...

Da sollte ein Feuer entfacht werden, wobei im Holz noch einige Termiten klebten. Um ihr Leben zu bewahren, das als Totemtier besonders ehrfurchtsvoll zu respektieren war, wurden die winzigen Tiere in »himmlische Sphären« geblasen. Während sie sich dort zu Sternen verwandelten, war auf der Erde zum allererstenmal der Ur-Ton des Didjeridoos zu vernehmen, der alles zu durchdringen imstande ist.

Didjeridoo-Spiel heißt die Natur beobachten, auf sie zu hören und ihre Geräusche zu belauschen: die Stimmen der Vögel, das Hüpfen der Känguruhs, das Bellen des Dingos oder das Schwirren des Bumerangs... und das Gehört-Erlebte so identisch wie möglich nachzuahmen, es gleichsam akustisch zu übertragen, um dadurch eins zu werden mit Natur und Instrument.

Neben einer rein profanen Verwendung des Didjeridoos – wobei traditionell oft keine Trennung profan/sakral gesehen wurde – diente es als Induktionsmittel zur Erreichung von Trancezuständen, zur Reinigung, Balance des Energie-Flusses und Anreicherung von Kraft. Deshalb war es oft bemalt mit den lebendigen Abbildern der Totems aus der umgebenden Natur oder mit denselben Zeichen, die die »rituellen« menschlichen Körper während der Zeremonien trugen.

In der neuen Zeit der internationalen Weltverbindung hat es seine Ursprungsregion, das Arnhemland im australischen Norden, bereits

Totemismus

Besonders bei »Naturvölkern« vertretene weltanschauliche Idee eines mystischen bzw. verwandtschaftlichen Verhältnisses und der Verbundenheit zwischen Mensch und umgebender Natur, den Totems (Tiere, Pflanzen, Steine...), geprägt von ehrfurchtsvoller Behandlung, Ritualen und bestimmten Verboten. So durfte z.B. das Fleisch der jeweilig verbundenen Totemtiere nicht gegessen werden.

verlassen und bahnt sich als fälschlich »panaustralisches« Charakteristikum und Exportartikel den Weg in die Metropolen jenseits des großen Ozeans und den Bereich der Ethno-Musik.

Didjeridoo-Spiel gleicht einer einzigen Erlebnistour. Anfangs schon fasziniert vom reinen Zuhören des unterschwellig spürbaren Schwingens eines monotonen Klangs, der in die variablen Obertöne und beliebig vielen Lautmuster überkippt, entsteht bald das Bedürfnis einer Selbstbetätigung mit denkbar günstigen Voraussetzungen: Da finden sich keine Tasten, Löcher oder Stege, deren Handhabung und Fertigkeit zu erlernen wäre, da gibt es keine Noten, kein »richtig oder falsch«, nur eben diese simple Röhre, mit der erst einmal der surrende Grundton zu erzeugen ist. Das gelingt recht leicht und bewirkt alleine schon Erfolgsgefühl und ein wenig Euphorie.

Dann kommt die Barriere des »zirkulären« Atmens, zugleich Methode und Besonderheit für das Erreichen jenes nie enden wollenden permanenten Sounds. Man kann sich gleichermaßen geborgen-erdig, wie herausgenommen aus Zeit und Raum empfinden, als stünde man inmitten einer einzigen transpersonalen Vibration, atemberaubend und doch getragen vom eigenen Atem selbst, voll von ergreifend-spontaner kreativer Wellen.

Ein solch geheimnisvoller Ton dringt tief ins Innerste von uns ein und holt unser mentales Gedankengut aus der Versunkenheit, wird so zum universellen Lebensbaum...

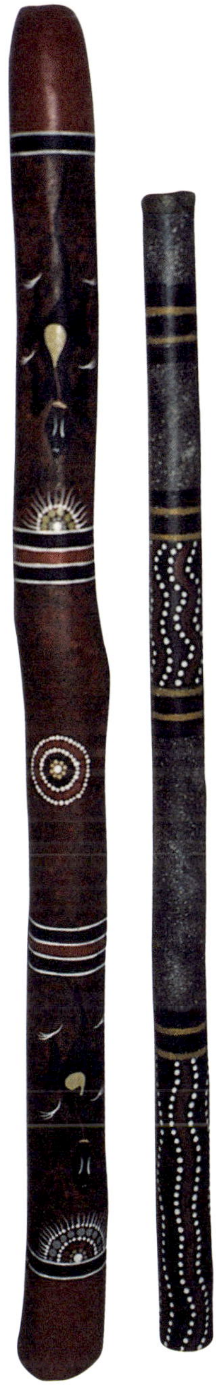

Transpersonale Psychologie

In den USA entstandene Richtung, die verschiedenste Disziplinen der Psychologie mit Religion und Geisteswissenschaften in Verbindung und im Sinne einer ganzheitlich orientierten Wissenschaft in Einklang bringt. Sie untersucht veränderte Bewußtseinszustände als Grenzerfahrungen in Mystik, Kreativität und Intuition, die jenseits von Zeit, Raum und Ich-Bewußtsein liegen. Diese neue wissenschaftliche Sichtweise, gleichsam als Brücke zwischen spirituellem Bereich und Wissenschaft, erfordert den Einbezug der Praxis der »nichtalltäglichen Wirklichkeit« von Seiten des Wissenschaftlers. Als Pionier ist Charles Tart zu sehen.

»Traumzeit«, Assoziation im Rahmen einer Australien-Kulturveranstaltung, Wien

VII. Von den Sinnen getragen werden

Alle traditionellen Kulturen respektieren die Bedeutung der Vision mit ihrer Fähigkeit, das schöpferische »Ich« als Eigenidentität zu wecken und auch zu zeigen.

> **Sound-Vision Balance®**
>
> *ist ein vom Autor gestaltetes und in ständiger – teils eigendynamischer – Weiterentwicklung begriffenes Selbsterfahrungs-Ritual, als kulturübergreifende Idee einer Brücke zwischen altem Wissen und den Bedürfnissen/Notwendigkeiten unserer Jetzt-Zeit.*

Selbstheilung = Kreativität als eine lebenslange Reise zu innerer und äußerer Ganzheit.

Ob wir auf dem Regenbogen tanzen oder in den Rausch des Farbmeeres tauchen, es kann sich zum ganz persönlichen Begleiter einer Reise in und zu sich selbst entwickeln.

Unter Verwendung einfach wirksamer prämeditativer und tranceinduzierender Methoden – Trommel, Rassel und insbesonders Didjeridoo – sowie der Simultan-Ansprache all unserer Sinne in einem gleichzeitigen (synchronen) Zusammenspiel von Sehen–Hören–Fühlen–Riechen/Schmecken und In-Bewegung-Sein, entsteht jenes Ur-Erlebnis, das die Ebenen verschmelzen läßt und ein Pendeln ermöglicht: Wir spüren, bis hin zum transpersonalen Bereich, wie wir etwa Bilder hören und Töne sehen können.

Mit der malerischen Umsetzung der aufnehmenden (receptiven) Phase des Durchlebten in eine ganz persönliche Symbol- und Bilder-Welt entsteht die Dimension, ins Ganzheitliche vorzudringen und so den archaischen Entdecker in uns selbst zu finden, statt ihn zu suchen.

Wir beginnen, den linear-monotonen Ablauf eines streßbelasteten »Zeit ist Geld«-Gedankens zu verlassen, um uns an jene traditionelle Qualität jenseits von Zeit und Raum zu erinnern, die ganz anders liegt:

Nicht wieviel wir tun, sondern was, wie intensiv, wann und wo wir es tun müssen, wird entscheidend sein.

Die eintretende Überraschung des Sich-fallen-Lassens, der Hingabe an die Dinge und die Wesen zur Befreiung all unserer Sinne im tiefgreifenden Erleben, setzt das ganze schöpferische Potential in uns frei: Spätestens hier wird Kreativität zum Ablaßventil für festgefahrene psychische Blockaden.

So können wir lernen, zu Rhythmen zurückzufinden, Rhythmen, die unser Leben begleiten und unterstützen sollten, damit wir ständig in Bewegung bleiben als sinnlich-sinnhaftes »perpetuum mobile«: Platz zu schaffen für die eigene Persönlichkeit, sie zum Ausdruck bringen und zur Mitte finden, ein »modernes« zeitadäquates Kreisritual, um uns in den Zwischenwelten zu bewegen:

»Balancieren« heißt Erleben, Erfahren, Erfreuen und bedeutet Lebenslust, weil sie so »heilsam« ist.

Verzeichnis der Fachausdrücke

Aborigines: (Sg. Aborigine): Allgemeinbezeichnung für die dunkelhäutigen Ureinwohner des australischen Kontinents, die zu den ältesten Vertretern der Menschheit gehören. Im Gegensatz zu ihrer recht einfachen materiellen Kultur (Jäger und Sammler) steht die Entwicklung eines höchst sensiblen und vielfältigen geistigen Systems, insbesondere im Bereich Sozialstruktur und weltanschauliches Blickfeld. Ihr besonderes Verhältnis zur Natur und ihre Wertigkeit für diese bringt unüberbrückbare Schwierigkeiten im Kontakt mit einer rein wirtschaftlich-materiell orientierten Zivilisation der Weißen.

Archetyp: Vom Tiefenpsychologen C. G. Jung entwickelter Begriff allgemein menschlicher Grundmuster. Eine Art intuitiv begreifbare Universalsprache über Bilder (wie z.B. in Mythen und Träumen), quer durch alle Zeiten und Kulturen: »das kollektiv Unbewußte«. Dem gegenüber steht das individuelle, persönlich erworbene Unbewußte.

Didjeridoo: Von Kulturfremden (Weißen) geprägte Bezeichnung für das einzigartige Blasinstrument der Aborigines Nordaustraliens. Es stellt die versuchte Möglichkeit dar, den erzeugbaren Sound verbal wiederzugeben. Je nach Territorium finden sich verschiedene einheimische Bezeichnungen, etwa Yidaki oder Ulpirra.

Divination: Kunst des Wahrsagens bzw. der Zukunftsschau für besondere Anlässe durch Kultspezialisten wie etwa Schamanen, Medizinmänner, Priester. Da man sich im magisch-religiösen Denken von übernatürlichen Mächten/Wesen abhängig sieht, versucht man über das Mittel der Divination Anteil bzw. Schutz von diesen zu erhalten.

Kalebasse: Ausgehöhlte Frucht verschiedener Kürbisgewächse, meist Flaschenformen ähnlich, die von Naturvölkern für Objekte ritueller wie profaner Art fast weltweit Verwendung findet.

Lateralisation: Die erlernbare Fähigkeit des Hin- und Herpendelns zwischen den beiden Gehirnhälften und die gleichzeitige Benutzung beider in einem ganz bestimmten und steuerbaren Verhältnis (Dominanz-Proportion). Ideale Voraussetzung und optimaler Zugang zur Lösung ganz bestimmter Aufgabenbereiche.

Libation (lat.): Trankopfer.

Paraphernalia: Bilder, Objekte/Gegenstände u.ä., die über kultischen Einsatz vom profanen, alltäglichen Bereich in den rituellen überwechseln, wo sie ganz spezifische Verwendung finden und dafür teils als Charakteristikum stehen.

Ritual: Im ethnologischen Sinn Überbegriff für besondere »nicht-alltägliche« Handlungsweisen innerhalb traditionell festgesetzter Richtlinien und Anlässe (vgl. soziale Handlungen im Bereich des Religiösen), mit dem primären Zweck, kaum kontrollierbare und das menschliche Bewußtsein übersteigende Situationen mit Hilfe von Ritualen/Zeremonien und deren Symbolen meistern zu können.

Schraper: Geräuschinstrument mit geriffelter, gezahnter oder gekerbter Oberfläche, über die mit einem nichtklingenden Stab oder Plättchen geschrapt (»gekratzt«) wird. Eine mechanisierte Abart ist die Ratsche.

Synkretismus: Religion/Kult-Formen, die durch das gleichzeitige Auftreten oder Vermischen mit Fremdelementen verschiedenster Religionsanschauungen entstehen. Über Zwangsmissionierung oft in Verbindung mit christlichen Attributen.

Totemismus: Besonders bei »Naturvölkern« vertretene weltanschauliche Idee eines mystischen bzw. verwandtschaftlichen Verhältnisses und der Verbundenheit zwischen Mensch und umgebender Natur. Die Totems (Tiere, Pflanzen oder Steine) sind geprägt von ehrfurchtsvoller Behandlung, Ritualen und bestimmten Verboten. So darf z. B. das Fleisch der jeweilig verbundenen Totemtiere nicht gegessen werden

Trance-Induktionsmittel: Instrumentarien zur Erreichung außergewöhnlicher Bewußtseinszustände, die direkt auf Körper und Psyche einzuwirken vermögen. Trommel, Rassel und Didjeridoo sind die gebräuchlisten Hilfsmittel zur expressiven (ekstatischen) Trance. Ihre Tief-/Hochfrequenzen bewirken im monotonen Spiel eine starke Veränderung der Gehirnwellen und somit der Wahrnehmungsebenen.

Transpersonale Psychologie: In den USA entstandene Richtung, die verschiedenste Disziplinen der Psychologie mit Religion und Geisteswissenschaften in Verbindung und im Sinne einer ganzheitlich orientierten Wissenschaft in Einklang bringt. Sie untersucht veränderte Bewußtseinszustände als Grenzerfahrungen in Mystik, Kreativität und Intuition usw., die jenseits von Zeit, Raum und Ich-Bewußtsein liegen.

Tribalismus/tribal: Seit etwa 1969 Bezeichnung für stammesgebundene Politik in den afrikanischen Staaten.

VooDoo: Religiös orientiertes Ganzheitskonzept aus Westafrika und Afro-Amerika, das Verhaltensweisen zwischen Mensch und der »spirituellen« Welt bestimmt und in meist ekstatischem Trance Kultgeschehen darstellt: Von den vielen verschiedenen Schreibweisen der kreolischen Sprache, die insbesondere die haitianische Form des *»vodou«* kennzeichnen, ist der englische Begriff »Voodoo« zu unterscheiden, der aber – bedingt durch Sensations-Journalimus und die Hollywood-Filmindustrie – vorwiegend den Beigeschmack des Bösen und des Horrors in sich trägt. Die im Beitrag gewählte und vom Autor kreierte Schreibweise *»VooDoo«* ist einerseits als ein Überbegriff und Gesamtheit der Kultformen sowie der gleichzeitigen Differenzierung und Abgrenzung zum Trivialen hin zu sehen.

Die Autoren

Dr. med. Hermann Lechleitner, Facharzt für Anästhesie, veranstaltet regelmäßig psycho-onkologische Seminare und beschäftigt sich vor allem mit der individuellen Verbindung von ganzheitlichen Heilungswegen mit medizinischer Therapie, besonders in der Behandlung von Krebspatienten. Entspannungstechniken, Autosuggestion, aktive Imagination, systemische Therapie und NLP bilden die Grundlagen seiner Arbeit.

Prof. Dr. Manfred Kremser, Ethnologe und Kulturanthropologe, arbeitet als Dozent am Institut für Völkerkunde der Universität Wien. Seine Forschungsschwerpunkte sind ethnologische Bewußtseinsforschung, therapeutische Riten und Grenzbereichsphänomene sowie die religiöse Kultur Afrikas und Afro-Amerikas.

Mag. Wittigo Keller, Designer, Kulturanthropologe und Grenzgänger. Universitätslektor für außereuropäische Kunst sowie freischaffend tätig im Bereich der visuellen Kommunikation in Grenzkunst und Grenzwissenschaft. Er ist spezialisiert auf ethno-psychologische und spirituelle Phänomene, deren erlebnishafte Darstellung, Kultur-Übersetzung und Nutzung zum generellen Wohl für Körper-Geist-Seele im Sinne einer ganzheitlichen Konzeption.

Literaturhinweise

Hermann Lechleitner

Cooper, Kenneth H.: Bewegungstraining. München 1986

Dilts, Robert B.: Identität, Glaubenssysteme und Gesundheit. Höhere Ebenen der NLP-Veränderungsarbeit. Paderborn 1991

Dwyer, John: Krieg im Körper. Wie unser Immunsystem sich gegen Angreifer wehrt. Stuttgart 1994

Frankl, Viktor E.: Der Mensch vor der Frage nach dem Sinn. München 1985

Grill, Heinz: Die Seelendimension des Yoga. München 1992

Kobayashi, Toyo u. Petra: T'ai Chi Ch'uan. München 1997

Krüger, Michael: Autogenes Training. Entspannt und gesund durch das individuelle Erfolgsschema. Berlin 1996

Kutschera, Gundl: Tanz zwischen Bewußt-Sein & Unbewußt-Sein. Paderborn 1994

Simonton, Carl. O.: Wieder gesund werden. Hamburg 1996

Wittigo Keller

Teils verwendete und weiterführende Literatur:

Arrien, Angeles: Der vierfache Weg - Den inneren Krieger, Heiler, Seher und Lehrer entwickeln. Freiburg im Breisgau 1996

Black, Alastair: Didgeridoo - Ein Kurs für Anfänger. Magill/South Australia 1994 (Demo-Kassetten zur Broschüre erhältlich)

Diamond, John: Lebensenergie in der Musik. Südergellersen 1990

Holger Kalweit: Die Welt der Schamanen - Traumzeit und innerer Raum. Bern, München, Wien 1984

Jung, C. G.: Der Mensch und seine Symbole, Olten und Freiburg 1988 (Sonderausgabe)

Kremser, Manfred (Hrsg.): Afro-Karibische Religionen Band 2: Voodoo. Wien 1996

Lawlor, Robert: Am Anfang war der Traum - Die Kulturgeschichte der Aborigines. München 1993

Lommel, Andreas: Schamanen und Medizinmänner - Magie und Mystik früher Kulturen. München 1965

Malin, Lisa: Die schönen Kräfte - Eine Arbeit über Heilen in verschiedenen Dimensionen. Frankfurt am Main 1987

Michael Harner: Der Weg des Schamanen - Ein praktischer Führer zu innerer Heilkraft. Interlaken 1982

Michell, John: Die vergessenen Kraft der Erde - Ihre Zentren, Strömungen und Wirkungsweisen. Frauenberg 1981

Reimann, Michael: Das Didgeridoo (Buch und MC). Zürich 1993

Schellberg, Dirk: Didgeridoo. Südergellersen 1993

Strobel, Wolfgang: Das Didgeridoo und seine Rolle in der Musiktherapie, in: Musiktherapeutische Umschau 13. Frankfurt am Main 1992

Strobel, Wolfgang: Klang-Trance-Heilung, in: Musiktherapeutische Umschau 9. Frankfurt am Main 1988

Uccusics, Paul: Der Schamane in uns – Schamanismus als neue Selbsterfahrung, Hilfe und Heilung, Genf 1993

Zdenek, Marilee: Die Entdeckung des rechten Gehirns – Der kreative Prozeß. Berlin 1988

Manfred Kremser

Literaturempfehlungen zum Weiterlesen, Schauen und Üben:

Goodmann, Felicitas D.: Trance – der uralte Weg zum religiösen Erleben: Rituelle Körperhaltungen und ekstatische Erlebnisse. Gütersloh 1992

Kampenhout, Daan van: Heilende Rituale – Verbesserung der Lebensqualität. Freiburg im Breisgau 1996

Kremser, Manfred (Hrsg.):"Ay BoBo" – Afro-Karibische Religionen/African-Caribbean Religions Bd.1: Kulte/Cults; Bd. 2: Voodoo; Bd. 3: Rastafari. (Wiener Beiträge zur Ethnologie und Anthropologie, Band 8/1–3). Wien 1996

Pfleiderer, Beatrix /Greifeld, Katarina/Biechmann, Wolfgang: Ritual und Heilung: Eine Einführung in die Ethnomedizin. Berlin 1995

Walsh, Roger N.: Der Geist des Schamanismus. Olten 1992

Weiterführende Adressen:

FOCUS Stadtzentrum: Neubaugasse 44, A–1070 Wien, Tel. +43-1/523 10 82

Foundation for Shamanic Studies: PO Box 1939, Mill Valley, CA 94942, USA, Tel. (415) 380 82 82

MT-KOSMUS – Institut für kulturübergreifende Studien und Bewußtseins-Training: Lacknergasse 13, A–8570 Voitsberg, Tel. +43-31 42-255 48

Bildnachweis

Binkey Kok Verlag, Diever Holland (B. M. Vertriebsservice, Südergellersen): 122; Bry, de J. T.: 103; Dubellay, Schiller., Galerie Nader. Port-au-Prince, Haiti: 113 rechts oben (Foto: Keller©); Duffaut, Préfète. Le Musée d' Art Haitien du Collège Saint-Pierre, Port-au-Prince, Haiti: 108 (Foto: Keller©); Harmony Foods: 105; Keller, Wittigo: 109-110, 113 links oben u. unten, 114, 119 unten, 123, 125, 126; Kremser, Manfred: 74, 76-77, 80, 84, 86, 89-91, 93, 9597, 99, 101; Lommel, Andreas. Callwey, Georg D.W. GmbH & Co., München: 117-118, 120; Muñoz, Antonio: 43-44, 64; Percy, Bishop: 107; 111; Pierre, F., Galerie Nader, Port-au-Prince, Haiti: 113 rechts unten (Foto: Keller©) Rigaud, Milo. French & European Publications Inc., New York: 115; Rouanez, Dieudonne. Galerie Nader, Port-au-Prince, Haiti: 111 (Foto: Keller©); Signum Press Limited, Montreal: 119 oben

SCHÄTZE DER GESUNDHEIT

Herausgeberin: Christine E. Gottschalk-Batschkus

Diese völlig neue Buchreihe lädt ein zu einer faszinierenden Entdeckungsreise. Namhafte Forscher erschließen uns verborgenes Wissen und jahrtausendealte Geheimnisse von Urvölkern zu Gesundheit und Heilung.

E.Diallo-Ginstl (Hrsg.)
Ernährung und Gesundheit
Von anderen Kulturen (essen) lernen
Geb., 144 S. mit ca. 35 farb. Abb.

Ernährungsbedingte (Wohlstands-) Krankheiten sind heute keine Seltenheit mehr. Dieser Band enthüllt die Zusammenhänge zwischen Nahrung und Lebensqualität. Er erläutert die wesentlichen Gesichtspunkte einer gesunden Ernährung. Traditionelle Eß- und Kochgewohnheiten anderer Kulturen, bei denen Krankheiten wie Herzinfarkt oder Arteriosklerose weitgehend unbekannt sind, werden anschaulich dargestellt.

H. Lechleitner (Hrsg.)
Selbstheilungskräfte
Die Quelle zur Stärkung und Heilung im eigenen Ich
Geb., 136 S. mit ca. 30 farb. Abb.

Die Aktivierung der Selbstheilungskräfte des Körpers ist häufig fester Bestandteil von Heilungsritualen. Dieses Buch vergleicht Schamanen- und Heilbräuche verschiedener Völker und stellt eine Verbindung zwischen traditionellen Ritualen zu modernen Heilweisen her. Es eröffnet neue Perspektiven für die Bewältigung von Krankheiten und zeigt ganz konkret, mit welchen Methoden der Körper entspannt und das Immunsystem gestärkt werden kann.

I. Albrecht-Engel (Hrsg.)
In Wellen zur Welt
Das traditionelle Wissen über Schwangerschaft und Geburt
Geb., 144 S. mit ca. 30 farb. Abb.

Eine Geburt ist ein ganz natürlicher Vorgang, doch vielfach haben Frauen die Fähigkeit verlernt, ihrem Körper zu vertrauen. Dieses Buch zeigt, wie Frauen in anderen Kulturen Kinder ohne technische Hilfe zur Welt bringen. Es gibt Anregungen für eine aktivere Geburtsgestaltung und erklärt, wie Komplikationen bei der Geburt vermieden werden können. Der westlichen Geburtshilfe werden Beispiele aus außereuropäischen Kulturen gegenübergestellt.

Ch. Rätsch
Medizin aus dem Regenwald
Die Weisheit der Naturvölker
Geb., 144 S. mit ca. 60 farb. Abb.

Dieser Band macht den Leser mit der faszinierenden Welt der Regenwaldmedizin vertraut. Detailliert und informativ beschreibt er die Wirkungen und den Gebrauch einzelner Pflanzen – und weiht so in das kostbare Heilpflanzenwissen ein, das die Regenwaldbewohner seit Jahrtausenden nutzen und pflegen. Ein unverzichtbarer Naturmedizin-Ratgeber mit vielen Tips und wertvollen Informationen.

ARBEITSGEMEINSCHAFT ETHNOMEDIZIN e.V.

SOCIETY FOR ETHNOMEDICINE

curare

Zeitschrift für Ethnomedizin
Herausgegeben von der Arbeitsgemeinschaft Ethnomedizin

Die Arbeitsgemeinschaft Ethnomedizin (AGEM) ist eine gemeinnützige, interdisziplinäre Gesellschaft.
Die AGEM gibt die Zeitschrift curare, zahlreiche Sonderbände und einen Rundbrief heraus.

Forschungsbereiche spannen sich kulturübergreifend von der medizinischen Kenntnis der Laien bis zu der der traditionellen Heilkundigen in Gegenwart und Vergangenheit. Die Ethnomedizin vergleicht verschiedene Heilweisen, Heilmittel und -konzepte.
Aktuelle Schwerpunkte bilden die Integration kulturfremder Krankheitsvorstellungen und Behandlungskonzepte (Migranten) und die Neubewertung von Heilkundigen und Volksmedizin (z.B. Naturheilkunde).

Ethnomedizinische Betrachtungen können uns einen Spiegel vorhalten, in dem wir die Vorzüge und Nachteile unserer eigenen Kultur besser erkennen.
Wissen aus anderen medizinischen Systemen kann auch in einer Zeit der Besinnung auf die Grundbedürfnisse des Menschen und seiner Gesundheit, die von der naturwissenschaftlichen Medizin nicht mehr abgedeckt werden, neue Lösungsmöglichkeiten aufzeigen.

Ihren **Mitgliedern** bietet die AGEM:

- den Bezug der Zeitschrift **curare;**
- Vergünstigungen für Publikationen;
- Subskriptionsangebote;
- ermäßigte Tagungsteilnahmen;
- Informations- und Beratungsservice.

Fordern Sie an:

- das **Informationsmaterial** über AGEM;
- die aktuelle **Publikationsliste;**
- den **Veranstaltungskalender;**
- den **kostenlosen Rundbrief** der AGEM.

Arbeitsgemeinschaft Ethnomedizin, AGEM
Von-der-Tann Str.3-5
D-82346 Andechs
Germany
Fax: +49-8152-373-70
e-mail: 100042.1504@compuserve.com
INTERNET: http://www.med.uni-muenchen.de/medpsy/ethno